Mente
Criminal

AILEEN WUORNOS

LA DONCELLA DE LA MUERTE

AMERICAN
BOOK GROUP

INNOVANT PUBLISHING
SC Trade Center: Av. de Les Corts Catalanes 5-7
08174, Sant Cugat del Vallès, Barcelona, España
© 2026, Innovant Publishing SLU
© 2026, TRIALTEA USA, L.C. d.b.a. AMERICAN BOOK GROUP

Director general: Xavier Ferreres
Director editorial: Pablo Montañez
Director de producción: Xavier Clos

Colaboran en la realización de esta obra colectiva:
Directora de márqueting: Núria Franquesa
Project Manager: Anne de Premonville
Office Assistant: Marina Bernshteyn
Director de arte: Oriol Figueras
Diseño y maquetación: Roger Prior
Edición gráfica: Emma Lladó
Coordinación y edición: Adriana Narváez
Seguimiento de autor: Eduardo Blanco
Redacción: Liliana Prieto
Corrección: Olga Gallego García
Créditos fotográficos: ©Album/Rue des Archives/Bridgeman
Images, ©Creative Commons, Attribution Share Alike (CC BY-SA),
©Daily Mail, ©Networth Height, ©Oxygen, ©Shutterstock, ©Bride
Lane Library/Popperfoto, ©AP Photo /Wally Fong, ©Ralph Crane/
The LIFE Picture Collection, ©Letterbox.

ISBN: 9781681658940
Library of Congress: 2021946737

Impreso en Estados Unidos de América
Printed in the United States

Índice

Capítulo 1

UN ACCIDENTE, DOS MUJERES Y UNA HUELLA

«**¡Te dije que no fueras tan rápido!**»
AILEEN WUORNOS a Tyria Moore.

A l caer la tarde del 4 de julio de 1990 en Orange Springs (condado de Marion), Florida, Rhonda Bailey está sentada en el porche de su casa. Es feriado en Estados Unidos, y todo parece muy tranquilo en esta comunidad vecina del Ocala National Forest. De repente, el chirriar de unos neumáticos interrumpe la calma. Un Pontiac Sunbird de color gris plateado aparece a toda velocidad por la Ruta Estatal 315 en dirección a Fort McCoy tras doblar una pronunciada curva. El coche va de un modo errático, zigzagueando de un extremo a otro del camino. En cuestión de segundos, se despista frente al hogar del matrimonio Bailey.

La inercia resulta suficiente para levantar el coche deportivo por el aire, hacerle atravesar la valla de contención y derribar con su peso la cerca del campo vecino hasta estrellarse en el pastizal. Alarmados, Rhonda, su esposo y una sobrina ven salir del interior del coche a dos mujeres de unos 25 o 30 años.

El matrimonio se acerca de prisa para brindarles ayuda, pero no son bien recibidos: una de las mujeres les pide que se alejen.

Parece aturdida y no deja de maldecir por lo sucedido. «¡Te dije que no fueras tan rápido!», le grita a su compañera, según relata Joseph Reynolds en el libro *Dead Ends: The Pursuit, Conviction and Execution of Serial Killer Aileen Wournos*. Tiene algunas partes del cuerpo magulladas y le sangra el brazo derecho.

Ante un nuevo intento por asistirles, le dice al matrimonio que no llamen a la policía porque su padre vive a escasos kilómetros de allí, y asegura que él se encargará de auxiliarles. Extrañamente, a pesar del estado de shock que muestra, se ocupa con celeridad de retirar las placas de identificación del parachoques trasero y delantero, y de arrojarlos al matorral. Mientras tanto, la otra joven no deja de lloriquear y está igual de sorprendida que los Bailey al ver los movimientos que realiza su compañera.

Los Bailey siguen observando la escena con bastante intriga desde la puerta de su casa. La mujer que les había echado limpia con un trapo la superficie de las puertas del coche como si pretendiera sacarles lustre para continuar con las manijas, el volante y los asientos, que frota con empecinamiento. El Pontiac ha quedado arruinado y parece absurdo que se dedique a lustrarlo. Seguramente, los fragmentos rotos del parabrisas han provocado el corte en su brazo derecho que sigue sangrando. Aun así, la mujer continúa con la tarea de limpieza.

Las viajeras muestran demasiada premura como para demorarse en el lugar. Evidentemente es un mal día y urge escapar antes de que pase una patrulla de la policía y quieran interrogarles sobre lo ocurrido. Después de retirar del asiento trasero un refrigerador de cerveza de color blanco y rojo, las mujeres se acercan a la casa del matrimonio y usan la manguera del jardín para asearse y revisar sus heridas. No parece nada grave, aunque una de ellas no cesa de gemir, ni de hacer insistentes reproches por más que fuera ella, precisamente, la conductora del vehículo. En cambio, la otra calcula con ansiedad los pasos a seguir para salir airosas de aquel lío sin llamar la atención de las autoridades.

Transcurren unos pocos minutos para que desaparezcan por la Estatal 315 hacia el sur después de lograr encender el motor del vehículo y removerle de allí, es una suerte pues parece increíble que este reaccione. Sin embargo, la buena fortuna no les acompaña mucho tiempo: deben abandonarlo un poco más adelante entre Orange Springs y Fort McCoy, por la pinchadura del neumático de una rueda delantera. Sin más remedio entonces, las mujeres comienzan a caminar.

Hubert Hewett y su esposa Brenda, voluntarios del Departamento de Bomberos de Marion, supieron del siniestro vial a través de la llamada de un automovilista. De camino al lugar del accidente, se cruzaron con dos mujeres que avanzaban a pie por el arcén del carril contrario, a quienes preguntaron si eran quienes habían sufrido el choque. Sin detenerse, la más frenética del dúo respondió con una negativa y no desaprovechó la oportunidad para quejarse: «No sé nada de ningún accidente... Quiero que la gente deje de decir mentiras y nos deje en paz», como refiere Christopher Berry-Dee en el libro *Monster: My True Story*.

A las diez de la noche, el oficial Rickey respondió una llamada de emergencia y no tardó en localizar el Pontiac Sunbird. Como le faltaban las placas de la matrícula, tomó nota del número del bastidor, y al día siguiente la policía identificó al dueño del coche deportivo. Pertenecía a Peter Abraham Siems, de 65 años, un misionero de la Iglesia Evangelista, residente de la ciudad de Jupiter en el condado de Palm Beach, Florida. El 7 de junio se había puesto en marcha con el plan de visitar a unos parientes en Arkansas y después conducir hasta Nueva Jersey para ver a su hermana. Existía una denuncia por su desaparición realizada el 22 de junio.

El Pontiac abandonado era la primera pista que la policía tenía de Siems. En su interior, había latas de cerveza Busch y Budweiser, además de un paquete de cigarrillos Marlboro. Algo extraño, porque Siems no bebía ni fumaba, según afirmaría su esposa más tarde. Debajo del asiento del pasajero, había un limpiador Windex con una etiqueta de la farmacia Eckerd que indicaba el precio y la dirección del comercio de Atlanta, en el Estado de Georgia. Además, la policía extrajo la huella de la palma de una mano ensangrentada en el apoyabrazos de la puerta del conductor.

Por su parte, el matrimonio Bailey proporcionó a la policía una descripción detallada de las ocupantes del coche. Una de ellas era rubia, con un rostro de pómulos altos y una dentadura prominente, de complexión media y alrededor de 1,75 m de estatura; lucía vaqueros y una playera blanca con mangas enrolladas. Llevaba tatuado un corazón en el brazo salpicado de sangre, se comportaba de manera iracunda y no dejaba de vociferar. La otra mujer tenía el pelo corto de color castaño, llevaba puesta una gorra de béisbol y se destacaba su cara redonda de mandíbula ancha. De menor estatura, podría pesar unos 90 kg, ya que se la veía con sobrepeso. Tenía aspecto masculino y se le notaba angustiada. Vestía una camisa gris y pantalones cortos de color rojo. Del dueño del coche, los Bailey no aportaron noticias.

Una huella ensangrentada, un coche destrozado, un hombre desparecido y dos mujeres que parecían huir después de salirse de la carretera. ¿Tendría todo alguna conexión?

Capítulo 2

SIETE VÍCTIMAS Y ALGUNAS PISTAS

«**Soy una persona que odia seriamente la vida
humana y mataría de nuevo.**»
AILEEN WUORNOS

Desde fines de 1989, meses antes del accidente ocurrido en Orange Springs, la policía estaba convencida de que un asesino en serie andaba suelto en esta parte de la Florida. Los crímenes habían ocurrido cerca de las carreteras estatales que unen los condados del centro-norte del Estado y empalman con la Ruta Interestatal 75.

Las víctimas eran hombres de unos 50 años de edad promedio y los cuerpos habían sido arrojados en caminos secundarios que atravesaban bosques y zonas de mucha vegetación y humedad. En la escena de cada crimen, aparecían desperdigados casquillos de una pistola calibre 22 y se presentaban las típicas señales de un robo. A lo largo de 1990, estas particularidades se repetían en un homicidio tras otro, lo que dio lugar a una ardua investigación para apresar a los responsables. Pero, por el momento, no había pista alguna.

Un hombre insaciable

La primera de las víctimas fue Richard Charles Mallory, de 51 años, vecino de la ciudad de Clearwater, en el condado de Pinellas, Florida, y dueño del taller de reparaciones Mallory Electronics. Asiduo concurrente de *strip clubs*, en sus horas libres también frecuentaba el mundo de la prostitución en busca de diversión.

Con el plan de disfrutar de un fin de semana largo de ardorosos placeres, el jueves 30 de noviembre de 1989, Mallory subió a su Cadillac Cupé Deville de dos puertas y se dirigió hacia Tampa para entrar a la Ruta Interestatal 95 que lo llevaría a Daytona Beach, en el condado de Volusia.

El 1 de diciembre por la tarde, durante el patrullaje habitual por Ormond Beach, al alguacil John Bondi le llamó la atención un vehículo detenido al borde de un bosque en John Anderson Drive. Tenía las puertas abiertas y la luz del interior encendida. Se acercó a echar un vistazo. Le pareció ver manchas de sangre del lado del conductor y un par de gafas debajo del asiento. En el suelo, a poca distancia del coche, había una billetera de nailon azul con un permiso de conducir y dos tarjetas de crédito, junto a dos vasos de plástico y una botella medio vacía de vodka Smirnoff. Como la documentación pertenecía a otro condado, el alguacil contactó a la Oficina del Sheriff de Pinellas para solicitar información.

Días más tarde, el 13 de diciembre, dos jóvenes iban de aventura por los bosques cercanos a Daytona Beach. Eran Jimmy Bonchi y James Davis. Se toparon con un bulto maloliente cubierto por una alfombra roja. Al acercarse, advirtieron que se trataba de un cadáver, así que se comunicaron con la policía de Volusia. Si bien el cuerpo presentaba un proceso avanzado de descomposición, se apreciaba que llevaba puestos unos vaqueros con el cinturón desprendido y los bolsillos vueltos hacia afuera, además de un jersey de abrigo. El investigador de la Oficina del Sheriff, Lawrence Horzepa, alcanzó a detectar el impacto de disparos en el tórax. Eran los restos del hombre de

Clearwater, quien se encontraba a 8 km del Cadillac descubierto semanas antes al otro lado del río Halifax.

La escena del crimen fue precintada. Un fotógrafo de la policía trabajó al día siguiente y el médico forense Arthur Botting realizó la autopsia. Extrajo tres balas incrustadas en el pecho del cadáver y concluyó que la muerte se había producido al inundarse de sangre los pulmones a causa de los disparos. El estudio de balística estableció que los proyectiles pertenecían a una pistola calibre 22. Después, el forense amputó las manos para facilitar el análisis de las huellas digitales a cargo de Mark Stephens, del laboratorio. Y finalmente pudieron confirman la identidad: era Richard Mallory.

Por su parte, Daniel Radcliffe, del Laboratorio Regional del Crimen de Orlando, no pudo recuperar huellas digitales en el vehículo; hecho que hizo suponer que alguien las había borrado premeditadamente. Asimismo, el examen del asiento del conductor había sido empujado hacia adelante en una posición extremadamente incómoda para un hombre con la contextura física de Mallory, lo que sugería que una persona de menor altura había conducido el Cadillac después de matarle.

Cuando Jackie Davis, antigua novia de Mallory, fue interrogada sobre las posibles pertenencias que su ex llevaría en el coche, recordó una cámara de fotos y un rastreador de radares, datos que hacían creer en la existencia del robo como móvil.

En un principio, las sospechas recayeron en la bailarina Chastity Marcus del 2001 Odyssey Club y en su novio Douglas Lambert, pero ambos tenían una coartada. En consecuencia, el caso fue cerrado en el mes de mayo por falta de pruebas y la policía interpretó el asesinato como un episodio aislado.

Sin embargo, el investigador Larry Horzepa continuó especulando en torno al crimen y en la hipotética autoría de una mujer, pero no halló nuevos elementos que le permitieran fundamentar estas suposiciones.

Desnudo cerca del río

David Andrew Spears era un obrero de la construcción que vivía en un tráiler, en la ciudad de Winter Garden, condado de Orange, Florida. Cada día, viajaba hacia al sur del Estado para cumplir con su empleo en la compañía Universal Concrete de Sarasota. El sábado 19 de mayo salió de su trabajo y dijo que pasaría por el domicilio de su exesposa para entregarle la mensualidad por la manutención de sus tres hijos y asistir a la graduación de Deanna, la mayor. Debía incorporarse a la Interestatal 75 en dirección a Tampa, pero nunca llegó a destino.

El 25 de mayo, Robert Ferr, supervisor de tareas de Spears, creyó ver la pick-up Dodge de su compañero en Orange Springs, al norte de Clearwater, lejos de la ruta que debería haber tomado para regresar desde Tampa a Sarasota, y llamó a la policía.

Spears no se había presentado a trabajar en toda la semana y su ausentismo resultaba preocupante. No era un vago, sino un empleado ejemplar, querido por todos y con una conducta previsible.

Al revisar la camioneta, no había rastro del hombre. Los agentes detectaron un cabello rubio en el volante y un paquete de condones Trojan con el envoltorio rasgado, como si hubieran extraído un preservativo. No había ningún otro indicio de artículos personales; parecía evidente que había sido víctima de un robo. El asiento del conductor estaba desplazado hacia adelante, lo que constituía un hecho llamativo. Spears era de gran estatura, según la descripción brindada por los conocidos. Ciertamente, otra persona había conducido el vehículo además de él.

Un topógrafo que trabajaba en la zona descubrió el cuerpo el 1 de junio. Estaba en una calzada de tierra próxima al río Chassahowitzka y la ciudad de Tampa, en el condado de Citrus (Florida). De espaldas, con las piernas separadas y los brazos abiertos, el cadáver yacía desnudo, con una gorra de béisbol sobre la cabeza. Un condón usado había sido arrojado a un rincón y varias latas vacías de cerveza Busch desparramadas por el suelo rodeaban la escena. Todo fue documentado en fotografías y vídeos. Dado el estado de putrefacción avanzado, no se pudo identificar el sexo ni la edad del cuerpo en el momento del hallazgo, pero las muestras dentales permitieron determinar su identidad posteriormente.

La doctora Janet Pillow efectuó la autopsia y estableció la causa de la muerte de Spears por el impacto de seis balas calibre 22. En el inicio de la indagación, los agentes sospecharon de Matthew Cocking, el hombre que había encontrado el cadáver y que había avisado al 911. Pero esta conjetura fue desechada con el correr de las semanas.

Nueve disparos

Un tercer hombre apareció muerto el 6 de junio de 1990. El cadáver estaba enrollado dentro de una manta eléctrica en un descampado al sur del condado de Pasco, a escasa distancia de la Interestatal 75. La descomposición del cuerpo también impidió el reconocimiento; aunque quedó claro que le habían acribillado con un arma calibre 22. Así lo precisó más tarde la autopsia. Le habían disparado nueve veces en el pecho.

La víctima era Charles Edmund Carskaddon, un trabajador de rodeo de 40 años, oriundo de Boonville, en el Estado de Missouri. El 31 de mayo se había despedido de su madre Florence, quien lo había visto partir hacia Tampa en su querido Cadillac para reunirse con Peggy, su prometida. Al ver que no llegaba, fue su novia quien preocupada contactó a la policía.

El 7 de junio, las autoridades encontraron el Cadillac Cupé Deville de tonalidad marrón. Era un modelo del año 1975 que parecía restaurado por lo impecable de su aspecto. Lo habían dejado en el cruce de la Interestatal 75 y la Ruta 484, en el condado de Marion, 70 km más al norte de donde habían hallado los restos de Carskaddon. Como no tenía las placas de identificación, el número del bastidor sirvió para averiguar el nombre del propietario.

La madre de la víctima brindó una minuciosa información sobre las pertenencias que su hijo llevaba consigo. Entre ellas había: un revólver con mango perlado, calibre 45, una manta eléctrica, una pistola para el aturdimiento de reses, un reloj de pulsera y una maleta de color tostado. Agregó que llevaba puesta una camiseta negra y botas grises de piel de serpiente. Sin embargo, ninguno de esos objetos fue encontrado, así que la hipótesis de un robo seguido de muerte comenzó a rondar la mente de los investigadores de la Oficina del Sheriff de Pasco.

Creían que el autor del homicidio era un hombre; aunque no descartaron la posibilidad de que fuera una mujer debido al pequeño calibre de la pistola empleada. En efecto, el 22 es preferido por el género femenino que busca armas para defensa personal. A partir de las revelaciones de la señora Florence, consideraron entonces indagar sobre el arma robada en las casas de empeño.

Un predicador desaparece

El 22 de junio de 1990, las autoridades de Jupiter, en la costa este de Florida, recibieron el aviso de la desaparición de Peter Abraham Siems, un exmarino mercante devenido en predicador de la fe cristiana y consejero voluntario de un grupo de evangelistas de Alabama tras jubilarse. Acostumbrado a recorrer asiduamente los condados del Estado con su Pontiac Sunbird, semanas antes había realizado una parada para cargar combustible en Wildwood (Nueva Jersey) antes de emprender un nuevo viaje hasta Arkansas. Pero jamás había vuelto a la carretera.

Por eso, el día del accidente de tráfico en las afueras de Orange Springs, el 4 de julio de 1990, constituyó una clara señal de alarma. El coche en cuestión era el mismo y los agentes buscaban a Siems, a quien parecía habérselo tragado la tierra. Los testigos del incidente habían visto a dos mujeres y aportado una descripción a los detectives del condado de Marion. Ahora estaban en condiciones de comenzar con la persecución de las dos

Cuatro víctimas de Aileen Wuornos: Eugene Burres, repartidor de alimentos; Walter Jeno Antonio, transportista y bombero voluntario; David Andrew Spears, obrero de la construcción; Charles Humphreys, comandante retirado de la Fuerza Aérea de los Estados Unidos.

sospechosas por el robo del Pontiac Sunbird e interrogarles sobre el dueño del vehículo. La dibujante Beth Smith realizó un retrato robot que ayudase a reconocerles.

El agente de la Oficina del Sheriff de Jupiter, John Wisnieski, a quien se le había asignado investigar la desaparición de Siems, se mostró bastante escéptico ante la idea de que un par de mujeres hubiera asesinado a Siems para robarle. El cuerpo no había sido hallado, las tarjetas de crédito no habían sido utilizadas y tampoco se había retirado dinero de su cuenta bancaria. No obstante, además de encargar pesquisas de laboratorio en el Pontiac, Wisnieski envió un teletipo al *Florida Criminal Activity Bulletin* con las descripciones de los testigos. Por otra parte, irían hasta Atlanta para hablar con el personal de la farmacia Eckerd, donde había sido comprado el limpiador Windex recogido en el coche.

Atando cabos

Eugene Burress vivía con su esposa y sus dos hijos en Ocala, ciudad aledaña a Orange Springs. De 50 años, cabello rubio y ojos azules, parecía siempre sonriente montado en el camión repartidor de alimentos de la Gilchrist Sausage Company.

El 30 de julio, su jefa constató que no había terminado las entregas del día ni había regresado a la empresa. Debía distribuir la mercadería en los comercios del centro de la Florida, pero había sido visto por última vez en Salt Springs, muy cerca de donde habían hallado el vehículo de David Spears. Al día siguiente, los oficiales ubicaron una furgoneta de cabina negra con el logotipo de Gilchrist Sausage a poca distancia de Orange Springs, sin llaves y con las puertas trabadas.

El 4 de agosto el cuerpo del repartidor fue descubierto en la Ruta 19, tendido en un malezal entre Daytona Beach y Ocala. Baleado con una pistola calibre 22, un disparo le había agujereado el pecho y otro le había perforado la espalda.

Al enterarse del homicidio, el capitán Steve Binegar, de la Oficina del Sheriff de Marion, evaluó las coincidencias entre los homicidios de Burress y Spears en Citrus. Además, se comunicó con el detective Tom Muck del condado de Pasco, quien investigaba la muerte de Carskaddon.

Los tres crímenes tenían aristas en común: las víctimas eran hombres blancos de mediana edad y todos eran trabajadores de clase media a quienes les habían robado y asesinado mientras conducían. El uso de un arma de pequeño calibre le llevó a considerar a Binegar si las mujeres de Orange Springs podían estar involucradas.

¿Son ellas?

Pero los crímenes, casi con las mismas características, estaban lejos de acabar.

Charles «Dick» Humphreys, de 56 años, residía en la ciudad de Crystal River (Citrus, Florida) con su adorada esposa Shirley, con quien llevaba 35 años de casado. Comandante retirado de la Fuerza Aérea de los Estados Unidos, se dedicaba a investigar abusos infantiles en el Departamento de Salud de Sumterville. El martes 11 de septiembre no regresó a su casa y Shirley informó a la policía sobre su desaparición.

Dick era un obsesivo de la puntualidad y su retraso se volvió preocupante, por lo cual las autoridades de Wildwood iniciaron las averiguaciones para localizarle. Fueron horas tormentosas para su familia hasta que la noche siguiente escucharon la dolorosa noticia: el cuerpo había sido hallado sin vida en los alrededores de la ciudad de Ocala, en el condado de Marion.

Probablemente, le habían matado después de recoger a una persona que hacía autostop en la Interestatal 75. Le habían disparado siete veces con un revólver calibre 22: presentaba un impacto en la cabeza, cinco en el torso y uno en la muñeca. Completamente vestido, los bolsillos del pantalón estaban vueltos hacia fuera y faltaba la billetera.

El 19 de septiembre dieron con un vehículo de cuatro puertas y color azul en el condado de Suwannee, cerca de la Interestatal 75, que se parecía al de Humphreys. Las matrículas de identificación habían sido retiradas y en el interior faltaban sus mapas de viaje, el maletín de trabajo, su insignia y su pipa favorita. Solo hallaron una lata de cerveza Budweiser bajo el asiento del pasajero. Sin embargo, un examen más minucioso detectó la presencia del recibo número 8237 emitido por la caja registradora de la tienda EMRO, en Wildwood, donde el 11 de septiembre había sido comprada la bebida, precisamente, el mismo día de la desaparición.

Cuando consultaron al empleado de la tienda, no pudo identificar al hombre, pero confirmó la presencia de dos mujeres de características semejantes a las del retrato robot que le mostraron los agentes.

Las pertenencias de la víctima: su pipa, el bolígrafo, el anillo de bodas y un reloj de pulsera, todas fueron encontradas al mes siguiente, en un bosque frente a Boggy Marsh Road y la Ruta 27.

La limpieza de las huellas, el retiro de las matrículas, el uso de la misma pistola y el móvil del robo planteaban similitudes con los homicidios anteriores. El capitán Steve Binegar, de Marion, comprendió que era tiempo de trabajar en equipo con las oficinas de los condados lindantes para lograr una investigación más precisa.

Era posible que, dada la presencia de los condones, los conductores tal vez hubieran ido tras favores sexuales, y que quizá los crímenes obedecieran al ataque de una prostituta de carretera, en la medida en que una mujer no parecía alguien amenazador para subirle al coche. ¿Era una hipótesis plausible? El asiento desplazado hacia adelante después de cada robo reforzaba esta conjetura. Incluso, Binegar pensó que quizá enfrentaban a una asesina en serie. Se trataba de una idea poco común, pero no era imposible.

Más y más coincidencias

Solo dos meses transcurrieron hasta que la policía dio con una nueva víctima. Walter Jeno Antonio, 62 años, oriundo de la ciudad de Cocoa Beach, en el condado de Brevard (Florida). Trabajaba ocasionalmente como transportista de carga. Era bombero voluntario y había formado parte de la Reserva del Ejército.

El sábado 17 de noviembre, había emprendido un viaje hacia Alabama en su Pontiac Grand Prix de color granate; debía pasar por Wildwood para incorporarse a la Interestatal 75.

Dos días más tarde, un agente de policía encontró su cuerpo con solo un par de calcetines puestos tirado en un camino secundario del condado de Dixie. Había sufrido el impacto de cuatro disparos de un arma calibre 22, tres en la espalda y uno en la cabeza. Las manos y la muñeca izquierda mostraban marcas en la piel, como si le hubieran quitado anillos y el reloj de pulsera.

El 24 de noviembre, la policía halló el flamante coche en las proximidades de la Interestatal 95, en el condado de Brevard, sin la matrícula y con las puertas cerradas. La escena volvía a repetirse, igual que las latas de Budweiser al costado del vehículo. Cuando lograron destrabar la puerta y el maletero, vieron que el interior estaba completamente vacío.

La prometida de Walter Antonio entregó a los investigadores una lista de las posesiones que llevaba con él: un par de esposas, la placa de identificación de reservista, una linterna, una maleta, una caja de herramientas y una gorra de béisbol. Recientemente, ella le había regalado un anillo de oro y plata con un diamante.

Tras este nuevo asesinato con tantos elementos en común con los anteriores, la investigación acerca de dos mujeres que andaban de cacería por las autopistas de Florida ganó impulso. Así el 29 de noviembre de 1990, las autoridades policiales recurrieron a los medios de prensa para hacer públicos los retratos robot de las sospechosas. Querían interrogarles sobre la desaparición de

Peter Siems, cuyo cuerpo era buscado en Marion desde el accidente del 4 de julio.

Eso fue lo único que informaron. No quisieron decir más.
Desde en un primer momento, la policía evitó revelar los nombres de las víctimas y los detalles de las escenas de los otros
crímenes para no despertar alarma en una comunidad ya muy
preocupada, debido a la gran cantidad de asesinatos en serie que
se sucedían impunemente entre los años 80 y 90. Sin embargo,
no pasarían tantos días hasta que se dieran a conocer las iden-
tidades de las seis víctimas restantes, así como las circunstancias de esas muertes.

Capítulo 3

PISÁNDOLES
LOS TALONES

> «El hecho de que Wuornos usara un arma y
> matara a hombres extraños que se encontraban
> en una posición vulnerable (...) la hizo mucho
> más aterradora y de interés periodístico que las
> asesinas anteriores.»
>
> JACQUELINE B. HELFGOTT, *Criminal
> Behavior: Theories, Typologies and Criminal Justice.*

Las investigaciones sobre los homicidios ocurridos en los condados de Volusia, Citrus y Pasco durante los meses previos al accidente automovilístico del Pontiac Sunbird habían resultado insuficientes para identificar a los responsables. El registro fotográfico de las escenas de los crímenes, las autopsias y el calibre del arma empleada no alcanzaron para descubrir al autor o autores de los asesinatos. Tampoco se habían levantado huellas susceptibles de un análisis conducente, debido a la limpieza realizada en los vehículos secuestrados.

Si bien se hallaba confirmada la existencia de un robo en los asesinatos de Mallory, Spears y Carskaddon, según los testimonios de parientes y conocidos, los detectives de Volusia preferían pensar en un móvil de índole sexual.

El intercambio de teletipos entre las Oficinas del Sheriff de Citrus y Pasco alimentaba nuevas conjeturas cada día, aunque aún había bastante incertidumbre. Más tarde, cuando se incorporaron los informes de los investigadores de los condados de

Marion y Dixie con el objetivo de acometer las pesquisas conjuntamente, las averiguaciones acerca de los crímenes se encaminaron en mejor dirección.

Así, en la primera semana de diciembre de 1990, los investigadores ordenaron un operativo ambicioso en el condado de Marion en el intento de encontrar el cuerpo de Peter Siems. Durante varios días, la policía montada respaldada por otros 30 oficiales de a pie y el sobrevuelo de un helicóptero pilotado por el sargento Keith Fender, barrió una amplia porción de territorio en las afueras de Orange Springs, entre el río Ocklawha y la Ruta 315. Pero no consiguieron nuevas pruebas.

Por otra parte, la publicación en los periódicos del estado de Florida del retrato robot de las dos sospechosas de la desaparición de Siems favoreció la colaboración de testigos. De este modo, a lo largo de aquel tenso mes de diciembre de 1990, se recibieron infinidad de llamadas de personas que creían conocerles.

Por ejemplo, Billy Copeland, de Homosassa Springs, quien había dado en alquiler una caravana a dos mujeres con los nombres de Tyria Moore y Lee, quienes tenían un aspecto similar a las imágenes expuestas. Otra testigo, con residencia en Tampa, había contratado a dos jóvenes lesbianas con la misma apariencia para trabajar en el motel de su propiedad, ubicado al sur de Ocala. Las mujeres se habían presentado con los nombres de Tyria Moore y Susan Lynn Blahovec. Asimismo, Brenda McGarry, encargada de una gasolinera en Daytona Beach, asoció uno de los rostros con el de una prostituta que hacía autostop en las carreteras, a la que había visto conducir un Pontiac Grand Prix granate, modelo semejante al coche de Walter Antonio.

En la lista de llamados, figuraba el de Vera y Velimir Ivkovitch, dueños del restaurante Belgrado en Volusia, quienes habían dado alojamiento a dos mujeres que parecían lesbianas en el mes de noviembre. El matrimonio de yugoslavos no lo olvidaba. Había sido una pésima decisión, debido a los problemas ocasionados por la escandalosa pareja que se emborrachaba sin límites. Como no contaban con dinero, habían saldado la deuda del alquiler con la entrega de objetos de cierto valor en oro y una herramienta eléctrica.

El nombre de Tyria Moore resonaba con frecuencia, mientras que a su compañera le mencionaban con distintos apodos. El hecho desorientó a los investigadores. Dedujeron que la misma dupla había pagado una habitación en el Fairview Motel, cerca de Ormond-by-the-Sea, usando la licencia de conducir de Cammie Marsh Greene para registrarse.

Así que pronto la policía arribó a la conclusión de que el rostro de la joven de la gorra de beisbol correspondía efectivamente a Tyria Moore, también llamada «Ty», una mujer sin antecedentes penales. Además, barajaban también los nombres de Susan «Lee» Blahovec, Lori K. Grody y Cammie Marsh Greene para reconocer a su compañera de cabello rubio, quien seguramente adoptaba distintos alias como una estrategia.

Muchos nombres, pero una sola huella

Las pesquisas en las casas de empeño de la región central del Estado fueron decisivas para esclarecer la identidad. De acuerdo con los requerimientos de la legislación de Florida, la constancia de una pignoración (dejar un objeto en prenda) debía llevar estampada la impresión del dedo pulgar del cliente. Entonces, si los objetos robados se habían dado en prenda, existía la posibilidad de contar con huellas digitales y compararlas con las halladas en el vehículo de Seims.

La policía no se equivocaba. El 6 de diciembre de 1989, una tal Cammie Marsh Greene, con domicilio en el número 1 de High Ridge Road, había empeñado en Pawn & Jewelry, Daytona Beach, una cámara fotográfica Minolta Freedom y un detector de radares, pertenecientes a Richard Mallory. El boleto número 3325 registró la negociación y el empleado le entregó el dinero. Un par de meses más tarde, Lori K. Grody había dado en prenda las herramientas robadas a David Spears en un establecimiento de Ormond Beach y, el 7 de diciembre, Susan Lynn Blahovec había vendido el anillo de oro de Walter Antonio para cubrir las deudas con Rose McNeill, propietaria del Fairview Motel.

Los nombres eran diferentes, pero las huellas digitales plasmadas en los recibos coincidían con las marcas de la palma de la mano recogidas del apoyabrazos del Pontiac Sunbird de Seims.

Jenny Aherne, del Sistema Automatizado de Identificación de Huellas Digitales, se encargó de compararles. Tuvo que recurrir a los archivos del Centro Nacional de Información Criminal, y hacerlo de manera manual, porque el Sistema Automatizado no poseía las huellas de residentes de todo Florida.

Sin embargo, tras comparar unas pocas fichas, Aherne descubrió que los alias habían sido utilizados en las casas de empeño por Aileen Carol Wuornos, también conocida simplemente como «Lee», una mujer con un extenso historial de delitos en los estados de Florida, Michigan y Colorado. Una mujer armada y considerada peligrosa por sus antecedentes.

Objetivo Tyria

A principios de enero de 1991, a los detectives Bob Kelly y Lawrence Horzepa, del condado de Volusia, les llegaron rumores de que la pareja de sospechosas se había separado. Aparentemente, Tyria Moore había escapado hacia otro Estado, mientras que Lee permanecía en algún rincón del centro de Florida.

Y no dejaron pasar esa gran oportunidad. Junto al equipo de investigadores del capitán Binegar, del condado de Marion, convocaron a los agentes del FBI de la agencia de Jacksonvillle para que cooperasen. El objetivo: encontrar a Tyria Moore.

Pese a la cautela de la policía y su insistencia en aclarar públicamente que la búsqueda de las mujeres respondía únicamente a la desaparición de Peter Siems, las noticias de los periódicos dejaban entrever lo contrario y no cesaban de vincularles con los demás asesinatos. En el *The Tampa Tribune*, por ejemplo, cada día aparecían artículos sobre la falta de resolución de ocho crímenes, incluyendo en el listado la aparición del cadáver de una persona aun no identificada, aunque el capitán Binegar no se cansaba de responder que «era prematuro afirmar la existencia de un asesino en serie en la región central de Florida», para no alentar el pánico en la población.

Consultado por el *Star Banner* de Ocala, el 5 de diciembre de 1990, Richard Hollinger, profesor de sociología de la Universidad de Florida, afirmó: «En mi experiencia, las mujeres no asesinan a gente extraña sino a personas de su entorno».

Esta apreciación fue respaldada por el psicólogo Steve Egger de la Universidad de Springfield en el mismo periódico: «No contamos con una base de datos de casos de mujeres que ataquen a desconocidos. Además, los asesinos en serie no matan para robar, más bien lo hacen para controlar y ejercer su poder». En efecto, los expertos en criminología eran renuentes a interpretar que se tratara de homicidios múltiples cometidos por mujeres, dadas las notables diferencias con las modalidades de los asesinatos cometidos por hombres, en especial, por el uso de armas de fuego.

Los expertos parecían haber olvidado, sin embargo, el caso de Dorothea Puente, quien había asesinado a nueve ancianos, varios de ellos incapacitados mentales, para cobrar su pensión. Sucedió en California, en los años 80. La «casera de la muerte» fue sentenciada a perpetua y murió a los 82 años.

Una triste despedida
Cuando en el mes de diciembre de 1989, Tyria Moore vio en la televisión la noticia de la muerte de Richard Mallory acompañada por la imagen de un Cadillac Cupé Deville, comprendió que Aileen le había dicho la verdad cuando le contó que había matado a un hombre.

Pero no le importó y permaneció a su lado a pesar de todo. Había trascurrido prácticamente un año desde aquel acontecimiento y la relación entre ambas se estaba desgastando. Por eso, Tyria había decidido pasar una semana en Ohio para celebrar el Día de Acción de Gracias con su familia y pensar en qué hacer en el futuro de regreso a Daytona.

Acompañada por su amigo Donald Willingham, Lee fue a recibir a su querida novia al aeropuerto de regreso de Ohio el 25 de noviembre. Con todo el amor que podía manifestarle, le obsequió un anillo de compromiso —era la sortija que había retirado de la mano de Walter Gino Antonio tras asesinarle días antes—. Y, aunque Ty Moore estaba contrariada, no se animó a rechazar el regalo.

Fue en la habitación ocho del Fairview Motel de Port Orange donde Tyria entendió que, más tarde o más temprano, terminaría siendo perseguida como una asesina. El retrato robot aparecido en la televisión el 2 de diciembre —acompañado de un pedido de colaboración por parte de la policía para que los ciudadanos ayudaran a identificarles— generó en Tyria un arrebato de miedo que le llevó a separarse definitivamente de Aileen. Tomó la decisión y después de retirar sus pertenencias del motel, se dirigió a la estación de autobuses Greyhound para viajar hasta Pittston y mudarse con su hermana Twyla al Estado de Pennsylvania. Resuelta, se despidió fríamente de Lee y le devolvió el anillo que esta le había regalado.

Mientras tanto, la búsqueda del FBI continuaba y el nombre de Tyria Moore y el de su expareja ya figuraban en los teletipos enviados a las distintas agencias además de los alias. El 7 de diciembre, el oficial Dan Henry partió rumbo a Michigan con el plan de entrevistar en Traverse City a la verdadera Lori K. Grody y conocer a Susan Blahovec. Como habían rastreado el viaje de Tyria realizado en noviembre, después de concluir con el trabajo en Michigan, Henry se dirigiría a Ohio para contactar

Debido a que atraía a las víctimas y las dominaba para matarlas, Aileen Wuornos era conocida como la «Doncella de la Muerte», la «Prostituta de la Carretera», «Monster» y la «Mujer Araña». Fue arrestada en diciembre de 1990.

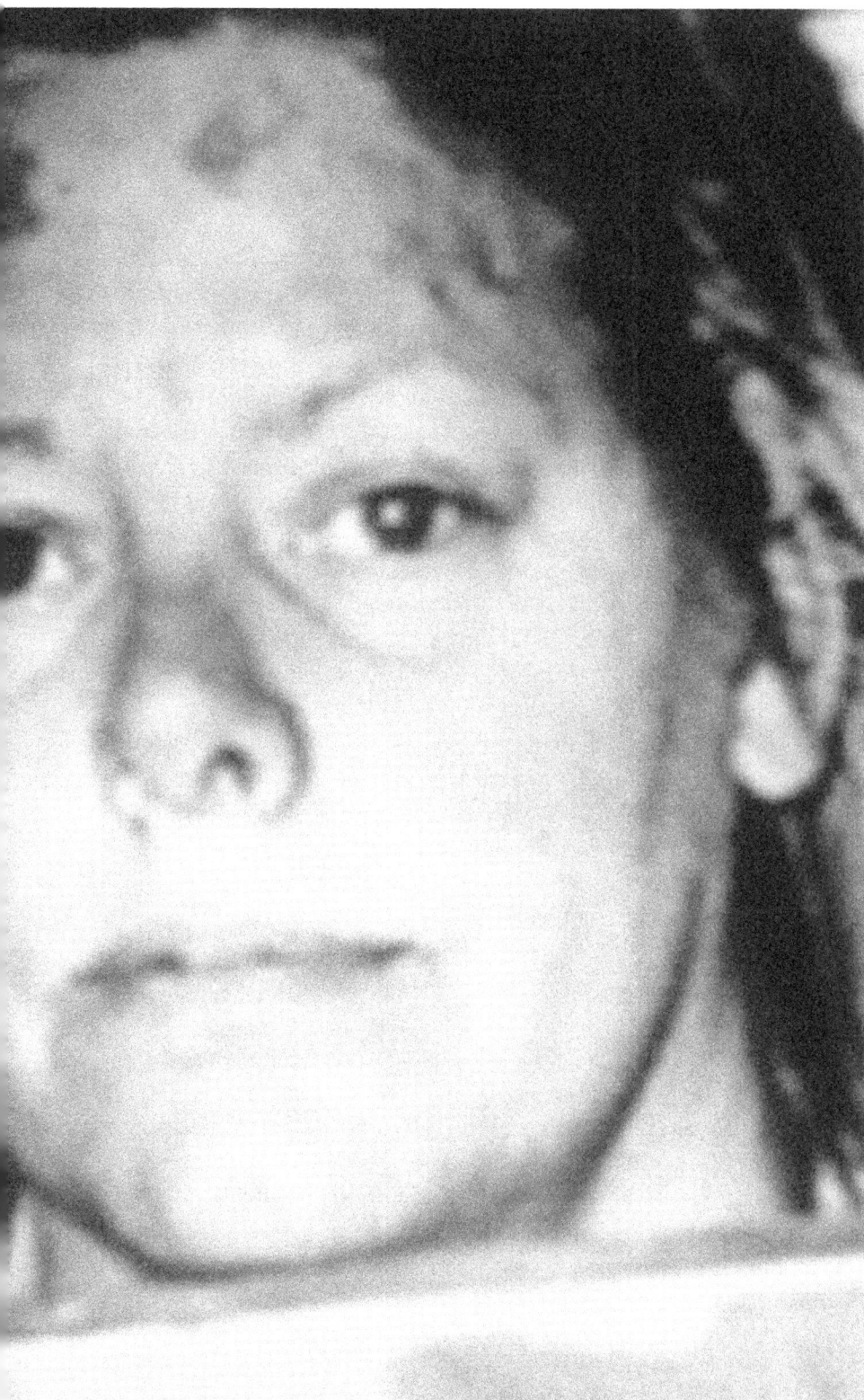

a la familia Moore y conducir la investigación desde la agencia de Stubbenville.

Inmersa en el desconsuelo y con el corazón roto, Aileen Wuornos permaneció en el Fairview Motel hasta el 10 de diciembre. Convencida de estar a salvo, había lanzado desde el puente de Rose Bay una bolsa con el arma homicida, junto a una navaja de bolsillo y un par de esposas. Sus posesiones se habían reducido ahora a una maleta de color amarronado y a una única llave para abrir el guardamuebles que alquilaba en Jack's Mini-Warehouse, donde estaban las pertenencias que arrastraba de toda la vida y sus «trofeos» de los asesinatos. Pero la policía no tardó mucho en descubrir el estrecho depósito ubicado en el hall número 1 del edificio 43 de la gran nave de Nova Road. Allí encontró más de 45 objetos personales de las víctimas.

Después de pagar lo que debía en el motel con el último dinero que le quedaba, Aileen retornó a su vida ambulante y vagó por las calles con el ánimo destrozado y sin ninguna motivación. Fue entonces cuando conoció al exmarino Dick Mills en el Wet Willie's Bar y pasó una triste Navidad con él. De todos modos, el nuevo romance terminó abruptamente debido a los ataques violentos de Lee, quien descendía hasta el infierno del desvarío cuando estaba alcoholizada.

La ratonera

La persecución comenzó el 5 de enero de 1991. Los agentes tenían evidencia de que Aileen Wuornos se encontraba en Daytona Beach.

Para detenerle, la policía montó un complejo operativo de inteligencia. Los oficiales de incógnito, Mike Joyner y Dick Martin, se lanzaron a las calles con los seudónimos de Bucket y Drums para recorrer todos los bares nocturnos del lugar y dar con Aileen.

El 8 de enero interceptaron a Aileen en el Port Orange Pub de Ridgewood Avenue e iniciaron una conversación con ella sin la intención de detenerle. El fiscal Ric Ridgway les había advertido la necesidad de no precipitar el arresto. Primero era necesario hallar el arma asesina. Así que debían actuar con inteligencia, porque malograrían el operativo si le apresaban sin fundamentos. Aparcado frente al bar, en el interior de un coche, un tercer policía encubierto, Thomas Tittle, llevaba puesto un micrófono para escuchar los pormenores del diálogo de sus compañeros con Aileen «Lee» Wuornos dentro del bar.

Era preciso conservar la calma para que la aprensión fuera exitosa. Joyner telefoneó al puesto de mando ubicado en el motel Pirate's Cove para dar aviso de la situación. Después, simulando ser un traficante de drogas de Georgia, se mostró amigable e invitó a Lee a beber unas cervezas. La mujer lucía el cabello desaliñado y grasiento, la piel se veía endurecida y tenía la mirada perdida. Sus cambios de humor eran incesantes. En un momento era agradable, pero al instante se tornaba agresiva, para después volver a sonreír.

De reojo, Joyner observó la maleta color bronce de Aileen e imaginó que en su interior podría hallarse la pequeña pistola calibre 22 que buscaban como prueba. Sin embargo, de improviso, Aileen se retiró rápidamente del local para dirigirse a un bar de moteros sobre la Ruta 1, donde dijo que pasaría la noche.

El legendario bar Last Resort era un popular punto de encuentro de los moteros en Port Orange. En la pared de detrás de la barra colgaba un cartel con una inscripción que quizá resumía la filosofía del lugar: «Todo lo que necesitas en esta vida es un tremendo deseo sexual y un gran ego, los cerebros no significan una mierda».

La caótica decoración generaba un efecto tan bizarro como provocativo, y en las vigas del techo pendían sujetadores y bragas arrojados hacia lo alto como recuerdo de los placeres compartidos en aquel paraíso de erotismo y borracheras. El bar contaba, también, con dos mesas de billar, más un diminuto escenario y una máquina rocola.

Siempre estaba lleno; la afluencia de público no se detenía en toda la madrugada. El propietario, Al Bulling, conocía a Aileen y a Tyria porque eran habitués. Solían sentarse en la barra y charlar con él.

Ansiosos y con la ilusión de terminar con el acecho pronto, Mike Joyner y Dick Martin recuperaron el contacto con Aileen la noche siguiente del 9 de enero. La invitaron a beber unas cervezas. Lee tenía 34 años, pero parecía mayor, estaba muy desmejorada para su edad. En la rocola sonaba *Digging Up Bones*, la melancólica canción de Randy Travis, que ahora resucitaba el recuerdo de Tyria. Aileen estaba triste.

Los oficiales sabían que cualquier gesto o palabra mal elegida podría alejarle de ellos para siempre, e incluso hacerles perder su rastro a pesar de los dos coches de policía apostados en la manzana. Esa noche se celebraba una fiesta en el Last Resort y la cantidad de gente que concurría podía contribuir a que Lee se esfumara sin problemas en medio de la multitud. A través del micrófono que llevaban oculto, Lawrence Horzepa les ordenó que se prepararan para la aprehensión.

Joyner se retiró con la promesa de reservar la habitación de un motel para que Aileen pasara la noche. Cuando regresó a buscarle y salieron a la calle, un patrullero les estaba aguardando con la excusa de tener una orden judicial para apresar a Lori Grody —supuesta hermanastra y en realidad, tía de Lee— por la posesión ilegal de un arma de fuego.

Sorprendidos, Joyner y Martin continuaron actuando de agentes encubiertos e ingresaron al coche de la policía junto con ella. Al revisar su maleta, no descubrieron la pistola y el arresto se mantuvo en secreto. No dejarían escapar la liebre hasta que encontraran el arma y capturaran a Moore. Después informarían a los periódicos.

Un día más tarde, el 10 de diciembre, Dan Henry llamó a la puerta de la casa de Twyla, propiedad de la hermana de Tyria.

Explicó el motivo de su presencia y le especificó que no contaba con una orden de arresto; tal vez por eso ella se mostró relajada. Tyria tenía en su poder un radio reloj identificado más tarde como propiedad de Charles Humphreys, una de las víctimas de su exa-mante, pero eso tampoco le alteró. Notificados de la localización de Tyria, los detectives Jerry Thompson, de Citrus, y Bruce Munster, de Marion, se trasladaron hasta Pennsylvania para interrogarle. Después de resolver cuestiones jurisdiccionales y legales, le leye-ron sus derechos, aunque no se le acusó de los asesinatos.

La mujer afirmó no estar involucrada en los homicidios y se refirió al crimen de Richard Mallory como una mentira de Lee que nunca había creído. Recién tras el accidente del 4 de julio de 1990, cuando ella conducía el coche de Seims, comprendió que algo extraño sucedía, ya que su amiga le dijo que debían huir. Desde entonces tenía sus sospechas, aseguró, pero no deseaba participar en los negocios de Lee y jamás se había interesado por conocer más detalles.

Un mes más tarde, el 11 de enero de 1991, Tyria Moore viajó con los agentes hasta Florida con el compromiso de colaborar con la investigación. No confiaban en su inocencia y habría que inte-rrogar a Aileen Wuornos para intentar develar la verdad. El 16 de enero, finalmente, Lee ofreció las pistas para localizar la pis-tola con la que había asesinado a siete hombres. Una resolución a todas vistas incomprensible dadas las consecuencias futuras de esa determinación. Fue la mayor demostración de amor a Tyria, a quien quería salvar de que la imputaran junto con ella.

«Asesina en serie»

Por primera vez en la historia de los Estados Unidos, el FBI clasi-ficaba a una mujer de *serial killer*, «asesina en serie», una catego-ría pocas veces atribuida al género femenino por los expertos de la criminología. El hecho motivó un activo debate sobre las razo-nes esgrimidas para adjudicarle ese carácter. Hasta entonces,

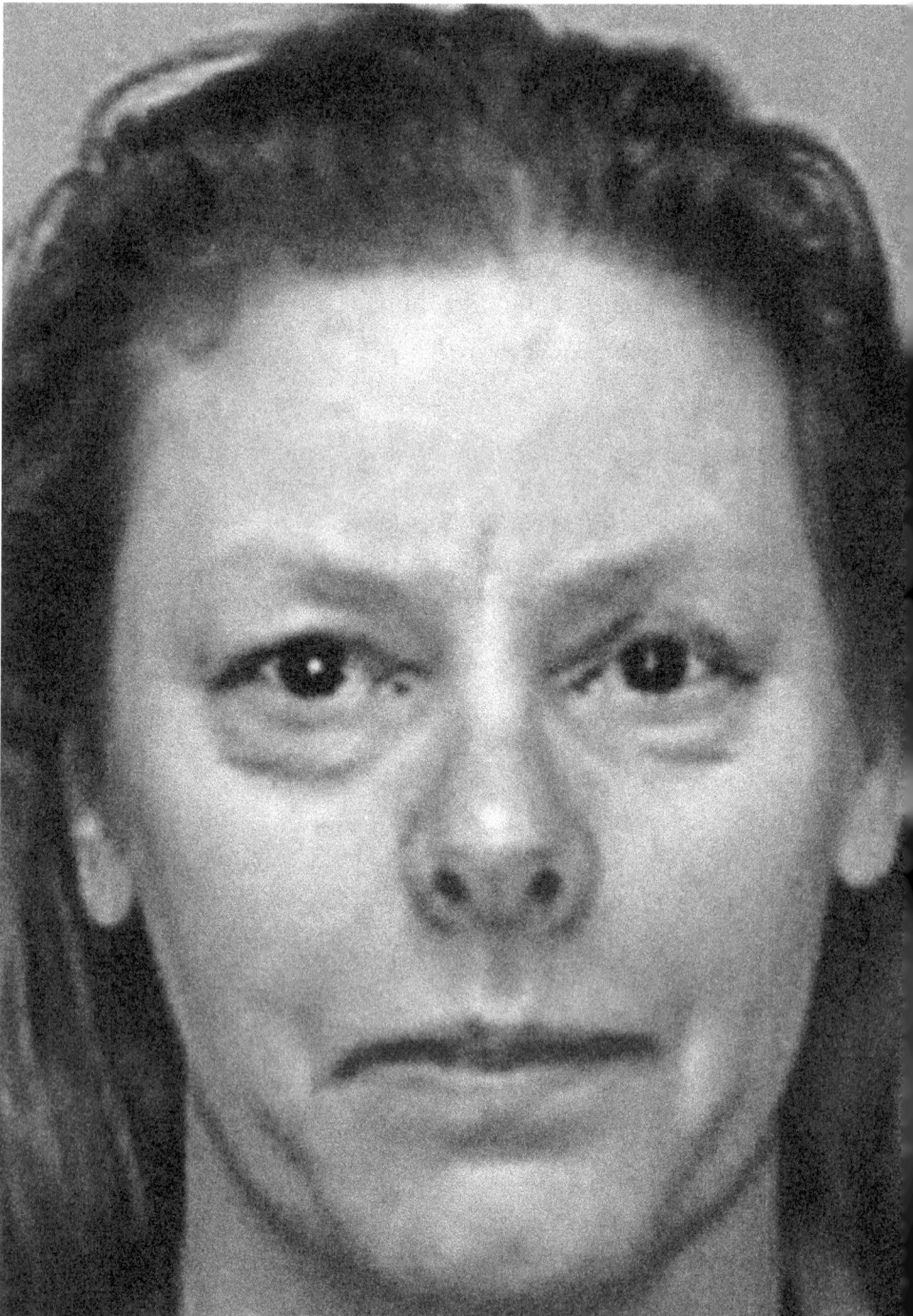

Aileen Wuornos fue popularizada como una asesina en serie aterradora. Sin embargo, las voces feministas de la época destacaban que la sociedad era injusta y despiadada.

alrededor del 12% de los asesinatos eran cometidos por mujeres y casi la mitad de las veces los crímenes obedecían al abuso sexual sufrido por ellas o por los hijos, tal como lo explica la psicóloga Phyllis Chesler en *El derecho de una mujer a la autodefensa: el caso de Aileen Carol Wuornos*, basándose en los cuadernos de estadística de la Justicia penal de los Estados Unidos.

Salvando excepciones, desde la perspectiva de la criminología hasta entonces no se identificaba a las mujeres asesinas como seres capaces de cometer ataques físicos de extraordinaria violencia. Justamente, en *Monster-Making: narrative-meta-narrative in the representation of Aileen Wuornos*, la investigadora Margot Note hace alusión al estereotipo de la mujer asesina que Wuornos pareció desafiar. Por lo común, las homicidas trabajaban en el cuidado del hogar o en la salud y no acostumbraban a vagar por las calles como lo hacía Aileen, quien se había comportado, según la opinión pública, con características más propias de un hombre que de una mujer.

Pero existen otras interpretaciones. Así Jacqueline B. Helfgott, en su libro *Criminal Behavior: Theories, Typologies and Criminal Justice*, revela que autores como Eric W. Hickey han registrado el accionar de 64 asesinas en serie, solo en Estados Unidos. La mitad había matado a por lo menos otra mujer y una tercera parte, al menos a un niño. En otros casos, habían sido cómplices de un asesino en serie masculino.

Por citar solo algunos casos: Judy Buenoano fue ejecutada en Florida en 1971, sentenciada por el asesinato de su marido, su hermano, dos novios y otra persona. Nannie Doss mató a 11 personas entre 1929 y 1954, entre ellas, a cuatro maridos y varios familiares, y fue condenada a perpetua en 1955 (murió de leucemia en 1965).

Entonces, ¿cuál era la verdadera diferencia entre Aileen Wuornos y otras asesinas en serie? Helfgott lo aclara: «El hecho de que Wuornos usara un arma y matara a hombres extraños que se encontraban en una posición vulnerable al solicitar los servicios de una prostituta la hizo mucho más aterradora y de interés periodístico que las asesinas anteriores». En efecto, para la prensa, para los medios y para el FBI, Aileen Wuornos fue «la primera asesina en serie» de Estados Unidos.

Catalogada de esta manera, Wuornos ganó extraordinaria notoriedad en los medios de comunicación. Pero Aileen intentó defenderse de ese mote. Creyó que lograría rechazar abiertamente el rótulo que le habían asignado. Consideraba que podría convencer a la sociedad de que había matado en defensa propia. Sin embargo, no era un buen momento. El país atravesaba la más grande ola de juicios por asesinatos múltiples y el rechazo social se había extremado. Así que la gente solo vio en ella la expresión de una endemoniada maldad.

Los periódicos popularizaron su figura y se refirieron a ella como la «Doncella de la Muerte» o la «Prostituta de la Carretera», ambas expresiones en alusión a los servicios sexuales que ofrecía a sus clientes a quienes atraía haciendo autostop. También la apodaron «Monster», un nombre con el que identificaban a los asesinos en serie, y «Mujer Araña» debido a su gusto por la vestimenta de cuero y el odio que evidenciaba por los hombres. Por su parte, como explica Margot Note en *Monster-Making: narrative-metanarrative in the representation of Aileen Wuornos*, las descripciones de las revistas femeninas como *Glamour* y *Elle* resaltaron la falta de feminidad de Aileen Wuornos como un síntoma de su brutal naturaleza dominante y el temperamento oscuro e inadaptado de alguien que odiaba a los hombres, a la vez que en *Vanity Fair* Mark Macnamara titulaba «Kiss and Kill», el artículo sobre la asesina en serie comparando su vida con una versión oscura de la película *Thelma and Louise*.

A pocos meses de su detención, un filme y tres biografías sobre su vida estaban en marcha. Parecía que todas las personas que le habían conocido aprovechaban la oportunidad de destacarse a costa de la asesina.

Sin embargo, las voces del feminismo de la década de 1990 vieron en ello el comportamiento de una sociedad despiadada. Había llegado el momento de saber más sobre Aileen. ¿Quién era la mujer que había atemorizado el país con un comportamiento y una violencia considerada hasta entonces solo propiedad exclusiva de los hombres? ¿Quién era ese «Monstruo» al que todo el mundo temía?

Capítulo 4

¿HOGAR, DULCE HOGAR?

«Vengo de una familia limpia y decente. Mi padre
me culpó por matar a su esposa. Todo fue culpa
mía.»

AILEEN WUORNOS

La personalidad de Aileen Carol Wuornos y su historia gene-
raron innumerables biografías y puntos de vista contra-
puestos. Así, mientras algunos biógrafos acentúan el odio
que le motivó a matar a sangre fría a siete hombres, otros prefieren
ahondar en el calvario que fue su vida, repleta de traumas y abusos
que moldearon su comportamiento hasta enloquecerle. Como ocu-
rre con la mayoría de los asesinos en serie, la verdad es compleja.

De naturaleza rebelde, carácter ingobernable y reacciones
explosivas, la fatalidad nunca dejó de asediar a Aileen desde el
mismo día de su nacimiento. Entregada en adopción a los abuelos
por su madre, con solo cuatro años, quedó a merced de dos alco-
hólicos que intentaron disciplinarla por medio del castigo físico
y el desprecio. La brutalidad de las golpizas recibidas pronto le
convirtió en una niña desafiante e irascible que debió endure-
cerse para sobrevivir ocultando su vulnerabilidad e indefensión.

El criminalista Christopher Berry-Dee, en su libro *Monster:
My True Story*, la describe como una psicópata que atribuía la

responsabilidad de sus crímenes a todos aquellos que —de un modo u otro— le habían herido o traicionado. Aileen Wuornos había perdido la dignidad de las personas que crecen abandonadas a su suerte en las calles de las ciudades e inmersas en la pobreza, buenas sabedoras del dolor que provocan la marginalidad y el repudio social.

Todo se precipitó en su vida y debió salir al mundo sin estar preparada, condicionada a desarrollar la supervivencia con los escasos recursos que le habían enseñado: la violencia, la brutalidad, la promiscuidad en los vínculos y una libertad malentendida que la llevaría a su propia autodestrucción y al crimen.

Hijos del caos

Diane Kathleen Wuornos, madre de Aileen, y Leo Arthur Pittman se habían casado en la ciudad de Rochester, Estado de Michigan, el 3 de junio de 1954. Eran solo dos adolescentes, ella tenía 15 años y él, 16. Debido a que eran menores de edad, la abuela de Leo tuvo que dar el permiso para que la boda se celebrara legalmente, en desacuerdo con los padres de Diane. Poco después, llegaron los hijos: el 14 de marzo de 1955 nació Keith y 11 meses más tarde, el 29 de febrero de 1956, Aileen Carol.

La convivencia del precoz matrimonio se volvió agria rápidamente debido a la personalidad compulsiva de Leo, quien se mostró como un hombre golpeador dominado por los celos y por la obsesión de mantener a su esposa encerrada en su casa. En la desesperación de acabar muerta a causa de las patadas que le propinaba su esposo, Diane solicitó el divorcio el 14 de noviembre de 1955, en el séptimo mes de la gestación de Aileen.

Para evitar la soledad, Diane se mudó con un grupo de amigos que se quedaban con sus hijos mientras ella asistía a su trabajo de operadora en la compañía telefónica Michigan Bell. La joven estudiante enamorada que había abandonado sus estudios en el noveno grado para casarse con Leo se había convertido de repente en una madre soltera de 16 años con dos bebés a los que alimentar y atender. Sin embargo, comenzó a descuidarles y resolvió dejarles la mayor parte de la semana con sus padres.

Aileen Wuornos nunca conoció a su padre biológico. Leo cumplía el servicio militar en el ejército cuando ella nació, en compensación de una condena por robo de automóviles. Él se había criado con sus abuelos, Ida y Leo Herbert Pittman, ya que sus padres también le habían abandonado siendo un bebé de 5 meses. No es extraño tampoco que desde la temprana infancia haya mostrado problemas de conducta provocando el estupor de los niños de su misma edad por su agresividad dominante y cierto sadismo con las mascotas. Con un pésimo desempeño en la escuela, Leo se había convertido en un verdadero inadaptado y durante la adolescencia, acabó por transformarse en un joven compulsivo que vivía del robo.

Después de salir del ejército en 1957, reincidió varias veces en actos delictivos hasta que en 1959 la justicia le condenó a seis años de prisión en Chillicothe, Ohio, condena que se interrumpió a los tres años cuando ingresó al régimen de libertad condicional. En 1962, sus tendencias sociópatas se agudizaron y Leo estuvo involucrado en un secuestro seguido de violación de una menor de 7 años. Tal depravación le valió la cadena perpetua, pese al severo cuadro psiquiátrico de esquizofrenia que le habían diagnosticado. Finalmente, el padre de Aileen se ahorcó en la prisión de Kansas el 30 de enero de 1969. Tenía 33 años.

Para muchos, la historia de Leo Pittman explica por sí misma el derrotero delictivo de su hija. Así lo hace por ejemplo Sue Russell en su libro *Lethal Intent*, donde describe el perfil criminal de Aileen como el resultado de una herencia genética a la que estaba condenada. Para la biógrafa, su personalidad es el reflejo del legado biológico de criminalidad de su padre, perspectiva avalada por el criminólogo David Wilson en el documental *La triste vida de Aileen Wuornos*.

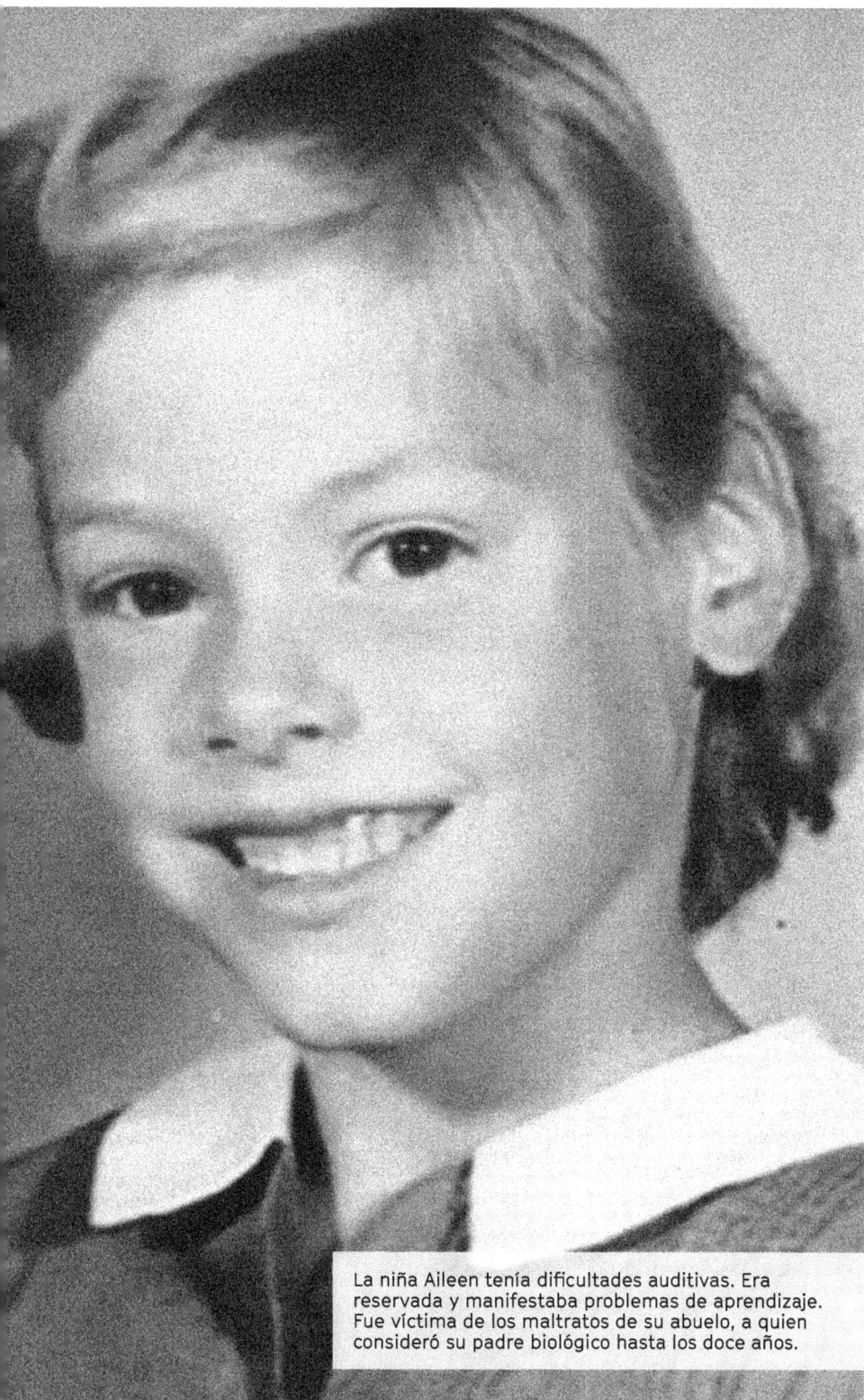

La niña Aileen tenía dificultades auditivas. Era reservada y manifestaba problemas de aprendizaje. Fue víctima de los maltratos de su abuelo, a quien consideró su padre biológico hasta los doce años.

Pero no es necesario abundar en hipótesis genéticas para comprender que Aileen Wuornos no había heredado solo los genes de ese padre biológico al que nunca conoció, sino también las consecuencias del ambiente en el que vivieron sus dos progenitores. Un ambiente en el que la pobreza, el abuso y la violencia eran comunes. Rasgos que, aunque no determinan el carácter patológico ni homicida de una persona, sí son elementos habituales en las historias de la mayoría de los asesinos en serie.

De mal en peor

Al cabo de un tiempo, Diane se mudó con los pequeños a la casa de sus padres en Troy, Michigan. El matrimonio de ascendencia finlandesa no había cambiado, seguía siendo severo y los maltratos hacia ella continuaron igual que en el pasado, por lo que la convivencia se volvió insoportable.

Decidida a emprender una vida diferente, el 18 de marzo de 1960, Diane abandonó a sus hijos y se los entregó legalmente en adopción a sus padres. Su deseo era rumbear hacia el Estado de Texas siguiendo los pasos de un nuevo amor. A partir de entonces, Diane perdería el contacto con ellos durante más de una década.

Los abuelos de Aileen —Lauri Jacob y Aileen Britta Wuornos—, rondaban los 40 años cuando asumieron la tarea de educar a sus nietos como si fueran sus verdaderos hijos. Exponentes de la clase obrera, Lauri trabajaba en una fábrica automotriz en la cercana Detroit, mientras que su esposa se dedicaba a la crianza de Barry y de Lori Kristine, el hermano y la hermana menor de su hija Diane. El dinero en general era escaso y estaban acostumbrados a trasladarse de un lugar a otro según la oferta laboral que encontrara Lauri. En 1960, alquilaban una vivienda de una sola planta en Cadmus Street, Troy, rodeada de un paisaje natural de bosques y lagos. Troy era una apacible comunidad rural del condado de Oakland (Michigan), donde los habitantes solían asistir a la iglesia luterana Getsemaní. Sin embargo, los

Wuornos no eran muy amigables y rara vez visitaban el templo, ya que preferían conservar la distancia de sus vecinos. Al menos, ese era el pensamiento de Lauri, cuya dependencia del alcohol le tornaba una persona antisocial.

Los efectos de la bebida también acrecentaban el carácter dominante de Lauri, quien se mostraba rudo en el trato con todos los integrantes de la familia, excepto a veces con Barry, el hijo mayor, quien le merecía especial afecto. La relación con su esposa Britta parecía despojada de amor. Solo se toleraban. No había manifestaciones de cariño entre ellos ni tampoco muestra alguna de ternura hacia los hijos adoptivos, a pesar de que ocasionalmente les acompañaban al cine, a patinar sobre el hielo o les llevaban de campamento en el verano.

Lauri abusaba de su poder para lograr la disciplina de los niños y tenía organizado un estricto régimen de actividades para que todos sus hijos participaran en las tareas domésticas. No admitía negativas y apelaba al castigo físico cuando alguno de ellos se rebelaba. De todos modos, su predilección por las duras represalias no se repartía de idéntica manera entre Barry, Lori, Keith y Aileen: Lauri se comportaba de una forma particularmente despiadada y excesiva con la menor, Aileen.

El hombre reservaba los golpes más brutales para «enderezar» a la traviesa niña, obligándole a desvestirse para suministrarle latigazos en la espalda con un cinturón de piel que mantenía colgado detrás de la puerta del dormitorio. La pequeña debía apoyar su menudo torso sobre la mesa de la cocina o acostarse desnuda en la cama para recibir los azotes hasta que su cuerpo se llenaba de marcas. Tras el quebranto, debía limpiar el cinto, pero las expresiones injuriosas hacia su persona continuaban y, sollozante, tenía que aguardar a que la ira de Lauri se agotase. Indefectiblemente, después de ser vapuleada, Aileen escapaba hacia el bosque cercano, tan desolada como atormentada por la culpa.

En cuanto al rebelde de su hermano Keith, quien detestaba las órdenes de su padre adoptivo y empezaba a sentir odio hacia él, el castigo consistía mayormente en encerrarle. Britta, por su parte, dejaba actuar a su marido, mientras se embriagaba en secreto dentro de su habitación para no escuchar el lastimoso llanto de los pequeños ni los atemorizantes gritos de su marido.

Pese a las afirmaciones de Aileen Wuornos, sin embargo, no hay unanimidad entre sus biógrafos para asegurar que Lauri —además de golpearle— hubiera abusado sexualmente de ella, hecho que sus hermanos adoptivos Barry y Lori se ocuparon de negar. Igualmente, el psicólogo forense David Holmes en el documental *La triste vida de Aileen Wuornos* ha comparado las palizas de Lauri con un rito seudosexual que alcanzó a desestructurar moralmente a Aileen, impidiéndole forjar las nociones de bien y mal, tan fundamentales para la preservación de sí misma.

Por su parte, Karin Gamble, compañera de escuela y amiga del vecindario le recuerda en el mismo documental como una niña callada con la que nadie quería jugar en la Troy High School, siempre sentada en la parte trasera del aula, asustada y solitaria. Cuenta Gamble que en la manzana de Cadmus Street, donde vivían los Wuornos, a veces se escuchaba resonar la voz acusadora del padre de Aileen como anticipo de las espantosas golpizas que, en ocasiones, eran visibles desde las ventanas de la casa que daban a la calle.

Una verdad incómoda

Los moretones en los brazos y el deterioro psicológico de Aileen fueron evidentes en la escuela, así como sus abruptos cambios de carácter y la pérdida de la atención en las clases. Su familia parecía someterle a un estado de abandono, y en algunas circunstancias el maestro compartía con ella el almuerzo, ya que no contaba con dinero suficiente para comprarse la comida.

En un informe escolar, se notificó a los Wuornos de la severa dificultad auditiva que padecía en el oído derecho. Además, se mencionó su creciente desinterés por el estudio, los problemas de disciplina y las deficiencias para incorporar conocimientos, además de mostrar un coeficiente intelectual más bajo del promedio, lo que podía suponer la existencia de un leve retraso. Asimismo, se destacaba la sensibilidad de Aileen, su genuina preocupación por los demás, su gusto por el canto y sus fantasías de convertirse en una estrella de la música. Sin embargo, un profundo sentimiento de culpa le agobiaba y creía ser la responsable de las desavenencias familiares.

Dado el desorden general de su conducta y sus turbulentas emociones, las autoridades escolares recomendaron la intervención de un profesional de la salud. Pero Britta desestimó la sugerencia, atrapada en la bebida y en la conmiseración de sí misma, y carente de vitalidad para salvar a su nieta de los peligros que se avecinaban.

Cerca de cumplir los 12 años, Aileen se enteró de que Britta y Lauri no eran sus padres biológicos, sino sus abuelos, y el vínculo familiar se deterioró aún más. Jamás le habían mencionado la existencia de su madre, Diane, y Lauri se había deshecho de los regalos que ella enviaba.

Los confusos sentimientos de Aileen estallaron como la lava de un volcán. Se sintió engañada y rechazada, y la impresión infantil de que existía una conspiración en su contra no se disiparía nunca. Entonces Aileen y Keith escaparon de la casa de sus abuelos y padres adoptivos como dos fugitivos. No llegaron lejos. Fueron recogidos por la policía y devueltos al hogar de sus abuelos, donde abundaban los secretos y el maltrato.

Capítulo 5

OVEJA DESCARRIADA

> **«Hay algo en ella que me asusta, eso es todo lo que puedo decir.»**
>
> DIANE WUORNOS, madre biológica de Aileen.

Acostumbrada al mal genio de su abuelo Lauri y a sus arbitrariedades, para la época de su despertar sexual, Aileen interpretó como «normales» la rudeza en el trato y la promiscuidad en los vínculos. De la mano de los cambios hormonales, exploró junto a su hermano Keith las desconocidas sensaciones de los placeres eróticos en una relación incestuosa que provocó un escándalo en la familia junto con la intensificación de los castigos.

Aileen tenía alrededor de 12 años cuando comenzó a fumar y a probar las drogas que obtenía gracias al intercambio de sexo oral con los chicos de los que se enamoraba. Quizá le pareciera natural contentar a los jóvenes a cambio de algún beneficio, o tal vez el mensaje de su abuela había calado hondo en ella, ya que para Britta la mujer estaba destinada a complacer las demandas de los hombres. Lo cierto es que, en la preadolescencia, Aileen atravesaba un estado de vulnerabilidad emocional profunda, y pronto se vería obligada a forjarse una coraza para sobrevivir. Claro que esta coraza iba a hundirle en profundidades aún más tenebrosas.

Curtir la piel

Aileen se esforzó por tener amigos en la escuela, pero era juzgada por su conducta desenfrenada, y el acoso se convirtió en habitual. Así, cuando asistía a las fiestas que organizaban los jóvenes, lo más probable era que le expulsaran por considerarle una mala compañía por pendenciera e inabordable. Herida por estos desplantes, Aileen creyó que realizando favores sexuales alcanzaría la popularidad que tanto anhelaba, y que finalmente sería aceptada.

La joven también se ilusionaba con tener un novio, pero los varones elegían a otras chicas para ligar mientras se aprovechaban de sus «servicios» en secreto. Los encuentros sexuales nunca dejaban de ser un mero trueque con que obtener cigarrillos, cervezas o un par de monedas que gastaba en comprar aquello que deseaba y que su familia no podía proveerle dadas las penurias económicas que a veces padecían.

El erotismo de Aileen se exacerbó notablemente y comenzó a asumir actitudes socialmente inaceptables para alguien de su edad. Semejante osadía redundó en más burlas y se ganó el apodo de la «cerdita de los cigarrillos», frente a lo cual, aprendió demasiado rápido a ocultar sus sentimientos y a fijar los límites con una rudeza estimulada por el alcohol.

De acuerdo con Sue Russell, autora de *Lethal Intent*, alrededor de los 13 años, Aileen también comenzó a realizar sus primeros hurtos de álbumes discográficos, además de robar comida en la tienda Kmart donde trabajaba su abuela a tiempo parcial, y por lo que sería penada. La policía comenzó a acostumbrarse a las picardías de Aileen y a un sinfín de correrías que muchas veces compartía con su hermano Keith; aunque casi siempre conseguían escapar a toda velocidad para esconderse en el bosque antes de que les atraparan.

Por aquel entonces, los jóvenes rebeldes de Troy solían reunirse en The Pits, una región boscosa próxima a la ciudad, donde confluían tres grandes hoyos de piedra cubiertos de aguas cristalinas. Era el lugar preferido para festejar encuentros multitudinarios en torno a las fogatas que montaban acompañados por la música de Led Zeppelin, Grateful Dead y otras bandas que sonaban en las radios de los años 70. Después de los concursos de besos, se sucedían el amor libre y los viajes alucinatorios propiciados por el ácido lisérgico y la mezcalina.

Entonces Aileen se olvidaba de una realidad que no atisbaba a comprender. Y también se exponía al riesgo de ser abusada en medio de ese descontrol. Gran bebedora, le gustaban los peligrosos «viajes» que producía el trance del LSD hasta caer completamente inconsciente para, al despertar, descubrir manchas de semen seco sobre su ropa. Asimismo, no eran extraños los enfrentamientos entre pandillas de moteros que frecuentaban el lugar ni que la policía efectuara sorpresivas redadas, por lo que se escabullía para no acabar presa.

Hundida en la tristeza

Aileen tenía 14 años y pasaba días enteros fuera del hogar para mantenerse alejada de las palizas de Lauri, cada vez más encendidas ante la descarriada conducta de su nieta. En 1970 Aileen quedó embarazada producto de una violación mientras hacía autostop en la carretera.

Por temor a que su familia le echara para siempre o le sometiera a una feroz represalia, guardó el secreto hasta llegar a los seis meses de gestación, cuando no tuvo más remedio que comunicar a sus abuelos que un conductor le había apuntado con un arma y amenazado con matarle para abusar de ella. Como otros acontecimientos trágicos de su vida, los detalles de la violación serían modificados por ella en el futuro cuando refirió que el atacante había sido un hombre mayor, amigo de su abuelo como se menciona en el libro *Lethal Intent* de Sue Russell.

Lauri y Britta no intentaron desentrañar la verdad en torno a la identidad del responsable ni denunciaron el episodio a las

autoridades. Simplemente, no le creyeron. En cambio, opta-
ron por ocultar el hecho y enviaron a Aileen a Detroit hasta el
momento de dar a luz a la Florence Crittenton Home for Unwed
Mothers, una casa de acogida para madres solteras. Como Lauri
se encontraba desempleado en aquella época, el servicio social
de Michigan cubriría los gastos del parto. Tras el nacimiento del
bebé, a quien Aileen llamó Keith, como su hermano, le obligaron
a entregarle en adopción.

Por la intermediación de Britta, Lauri aceptó a regañadientes el regreso de Aileen, quien se incorporó a la Adrian Girl's
Training School por recomendación del tribunal de Oakland,
que había tramitado la causa del robo en la tienda Kmart. Aileen
había regresado con el ánimo más endurecido que nunca, convencida de que todos los hombres usaban a las mujeres. Sumado
a ello, el consumo excesivo de cerveza le tornaba intratable, por
lo cual tuvo que abandonar la escuela rápidamente.

Ahora su abuela estaba enferma. El alcoholismo que arrastraba durante tantos años había acelerado su deterioro físico y
mental, y había entrado en un período de convulsiones. Murió
el 7 de julio de 1971 como resultado de la insuficiencia hepá-
tica que sufría. Lori, hermanastra y tía de Aileen, había rogado a
su padre que llamara a una ambulancia para salvarle, pero él se
habría negado. Al dolor de la pérdida, se sumaba la sospecha de
un descuido malicioso cometido por Lauri.

Fue entonces cuando Diane Wuornos, madre biológica
de Aileen y Keith, reapareció en Troy para una breve visita.
Disfrutaba de un buen pasar en Houston, la ciudad más importante del Estado de Texas, junto a sus otros hijos Rusty y Kathy,
quienes nunca conocerían a sus hermanos. Al reencontrarse
con Aileen y Keith, ahora adolescentes, involucrados con las
drogas y con una vida delictiva en ciernes, pensó que quizá ya
fuera demasiado tarde para recuperarles e iniciar una vida con
ellos en Houston. Igualmente, les invitó a viajar con ella, pero

A los 16 años, Aileen ya había sido madre, consumía drogas y pasaba mucho tiempo en la calle para evitar las palizas del abuelo. Recién en su adolescencia conoció a su madre. biológica, Diane.

sus hijos rechazaron la oferta debido a un resentimiento al parecer ya irreversible.

Obsesionado por inculpar a Aileen del fallecimiento de su esposa y de todos los oprobios vividos a partir del momento de su llegada al hogar, Lauri amenazó con matar a Aileen y resolvió expulsarla de la casa junto con su hermano Keith. Después, intentó electrocutarse para terminar con su vida, como lo había hecho su propio padre, pero lo concretó tiempo después. Lauri se suicidó el 12 de marzo de 1976 en la casa de Barry, en Utica, inhalando los gases tóxicos del coche encendido dentro del garaje. Ni Aileen ni Keith quisieron asistir a la ceremonia fúnebre.

Años más tarde, poco antes de su muerte, Aileen Wuornos le confiaría al documentalista Nick Broomfield en una de las entrevistas que forman parte de la grabación *Aileen Wuornos: The selling of a serial killer*: «Vengo de una familia limpia y decente. Mi padre me culpó por matar a su esposa. Todo fue culpa mía», referencia que Christopher Berry-Dee reproduce en su libro *Monster: My True Story*.

Absoluto desamparo

Durante un corto tiempo, Aileen y Keith se quedaron con los Richey, una familia del vecindario que vivía próxima a la casa de los Wuornos y se compadeció por su destino, pero el comportamiento inadaptado de Lee, convertida en ladronzuela en cada oportunidad que se le presentaba, despertó el rechazo del matrimonio y les obligó a marcharse. Como era imposible estar a su lado porque siempre se metía en problemas, Keith buscó cobijo en las casas de sus amigos, mientras que su hermana permaneció vagando por las calles como indigente.

Aileen transitó el otoño de 1971 en el bosque. El refugio le permitió sobrevivir, pero la llegada del invierno de Michigan transformó sus días en un infierno. Entonces llamaba a la puerta de las casas de los vecinos que le habían visto crecer para que le permitieran asearse o pedía algo de comida. Dormía a veces en un Oldsmobile abandonado hasta que más tarde se instaló en el coche desvencijado de unos vecinos, los Kretsch, de quienes también recibía alimentos. No tenía amistades y los jóvenes la denigraban llamándola «puta», a la par que los adultos acabaron por considerarle una malviviente, debido a los reiterados hurtos y sus raptos de furia en que blandía un cuchillo amenazando a cualquiera.

Así que Aileen tuvo que aprender a valerse sola. Tenía 15 años y había sido golpeada y violada en varias oportunidades en Rochester Road. Su cuerpo se estaba transformando y mostraba voluminosas curvas que atraían a los hombres a pesar del busto pequeño. Había aumentado de estatura y parecía una joven de más edad. La prostitución pasó a ser su modo de subsistencia y la forma de ayudar económicamente a Keith e incluso a su tía Lori. Solo había una persona que parecía no juzgarle por su pasado de madre soltera ni por ser prostituta o por sus ataques de ira: su amiga Dawn Marie Nieman.

Dawn Nieman era una joven rebelde de su misma edad, también expulsada de la escuela, con la diferencia de que contaba con una buena familia. Compartía con Aileen los mismos ideales de cambiar el mundo y el lema «sexo, droga y rock-and-roll» que se respiraba en el ambiente *hippie* de la época, que les incitaba a asumir comportamientos desafiantes ante un sistema moral considerado represivo y las ataduras de una sociedad que enviaba a los suyos a morir en Vietnam. Influenciadas por la contracultura del momento, soñaban con viajar a California y vivir en San Francisco, la meca de la libertad, donde pensaban que serían felices en alguna comunidad.

La amistad entre Dawn y Aileen se afianzó, y se echaron a viajar haciendo autostop y durmiendo al abrigo de cuanto resguardo encontraran. Dawn conoció de cerca las reacciones impredecibles de su amiga y en particular, su carácter desquiciado cuando bebía, ya que se colocaba a la defensiva y se victimizaba.

Sin embargo, también halló un aspecto entrañable en ella por lo generosa que se mostraba, por su espíritu divertido y por los buenos sentimientos que trasmitía estando sobria. En el documental *Aileen Wuornos: The Selling of a Serial Killer*, Dawn brinda un conmovedor testimonio de la personalidad de Aileen y de su integridad personal, sin por ello excusarle de su responsabilidad como asesina.

Regresaron a Troy hacia 1973 después de un período de vagabundeos sin itinerario fijo y Aileen permaneció en la casa de los Nieman algún tiempo. Después Dawn conoció a Dave Botkins, se enamoró perdidamente y no se separó más de él. Entonces Aileen se despidió para retornar a su agitado nomadismo y al robo de autos y casas con su hermano Keith, además de afianzarse en el uso de armas y prácticas de tiro.

Su hermano parecía ser el único que podía con ella, hasta que un día buscó enderezarse y decidió enrolarse en el ejército. Aileen había dejado atrás la niñez y había aprendido a sobrevivir en circunstancias adversas. Preparada para atacar, la práctica de delitos menores, la vida de autostop y la prostitución fueron su modo de vivir. El sexo era la vía que mejor conocía y la forma de acceder a un alojamiento barato donde pasar la noche, contar con una ducha y escapar del frío. Sabía lo que los hombres querían de ella y había renunciado a las ilusiones de encontrar amor.

Las reglas de la calle terminaron por moldear su carácter. Pertenecía a la clase social que en Estados Unidos denominan «white trash» o «basura blanca», seres de una vida sin moral condicionada por la pobreza y la ilegalidad. Se despidió de Troy llevándose únicamente la ropa que llevaba puesta junto con el resentimiento y la resignación de quien no tiene nada que perder.

Capítulo 6

A LA DERIVA

«Era una prostituta profesional y estos tipos
aceptarían mi oferta. Cuando empezaron a
ponerse duros conmigo (…) les disparé. Solo
estaba tratando de ganar mi dinero.»

AILEEN WUORNOS

Aileen Wuornos abandonó Michigan por primera vez hacia 1973 para salir a vagabundear por los Estados Unidos y escapar de la rutina de Troy.

Descreía de la felicidad basada en un empleo seguro con residencia permanente y tenía la ilusión de encontrar una manera de vivir que le gratificara. Como era previsible, no lo logró. Allí donde se encontraba, llamaba la atención por su comportamiento antisocial y su actitud de gamberra que apelaba a toda clase de artimañas para huir indemne de sus trapisondas. Cuando trabajaba de prostituta, se vestía de manera discreta, sin apelar al estereotipo de los tacos altos, los colores brillantes o las ropas ceñidas al cuerpo y de escotes audaces porque resultaría bastante obvio para la mirada de los policías en las autopistas.

Si bien la mayoría de sus clientes quería sexo oral y rápido, la amenaza de una violación o de un asesinato a una trabajadora sexual no era descabellada, sino un gaje del oficio, especialmente si no contaba con la protección de un proxeneta.

Así que es probable que el miedo a ser atacada haya potenciado su tendencia temeraria y le incitara a ir armada.

Para ese entonces, su tía Lori se había mudado temporalmente al Estado de Colorado con su prometido, Ervin Grody, y tuvo la idea de pasar a visitarle. Aprovecharía además para conocer las cadenas montañosas de la región en la que se habían establecido algunas comunidades de moteros, según le habían contado.

Pero la fragilidad mental de Aileen motivó que la convivencia con Lori se agrietara. Tenía permanentes conflictos con la ley y con las demás personas, carecía de voluntad para ayudar en las tareas domésticas o contribuir con el alquiler y, lo peor de todo, su tendencia a traspasar límites generaba tanta tensión que al fin se vio obligada a abandonar la casa.

A Aileen le seducía llevar adelante una vida de forajida, estaba claro. En mayo de 1974 la detuvieron en Colorado por conducir ebria con una licencia robada a Sandra Kretsch —miembro de la familia de vecinos Michigan que la habían ayudado— y por disparar al aire una pistola calibre 22 desde la ventanilla del coche. El episodio le valió permanecer detenida diez días en el condado de Jefferson. Tras ser liberada, continuó inmutable su derrotero hacia el sur del país sin presentarse ante el tribunal de justicia, fuga que más tarde se convertiría en una acusación adicional.

Rumbo al Sur

En 1976, Aileen arribó a la soleada Florida donde conoció a Lewis Gratz Fell, quien la subió a su coche cuando hacía autostop. El conductor era un próspero hombre de negocios de Filadelfia, de 69 años. A partir de su retiro, se había instalado en el condado de Volusia y ocupaba su tiempo en presidir uno de los tantos clubes náuticos al que asistían los miembros más opulentos de Daytona Beach.

El jubilado Fell tenía más dinero que ninguna otra persona que Aileen hubiera conocido, además de un lujoso apartamento frente a la amplia playa de arenas duras, tan característica del lugar. Tal vez atraído por el desparpajo de la joven o por sus femeninas curvas, le permitió quedarse a vivir con él y se casaron el 4 de mayo de ese año. Durante la ceremonia civil, Fell tomó la mano de su flamante esposa para colocarle un costoso anillo de oro que lucía una piedra de diamante engarzada. Tras oficializar la unión, emprendería con ella un extenso viaje de boda en su Cadillac último modelo, con la idea de pasar en un tramo del trayecto por Michigan donde conocería a sus parientes.

El anuncio del enlace apareció en los periódicos locales y Aileen estaba orgullosa de que su nombre formara parte de la sección de sociales. Incluso, guardó los recortes para mostrarlos en su ciudad natal. No era para menos, se había convertido en una persona aparentemente normal.

Su nueva condición de casada significaba la oportunidad de dejar la prostitución y, posiblemente, también de acceder a vivencias afectivas más reconfortantes y reparadoras. No obstante, no alcanzó para moderar su adicción a la bebida ni tampoco, siquiera, para refrenar sus caóticos enfrentamientos callejeros. Con la ansiedad abrasadora que corría por sus venas, comenzó a aburrirse rápidamente de la compañía de aquel hombre que tenía la vista puesta en el televisor y el plan de dormirse temprano en cada motel donde se alojaban.

La compulsión de Aileen por el alcohol le dominaba y por las noches se escabullía para ir de copas, dejando a su marido en la habitación. Debido a este proceder, el calor de las discusiones fue en aumento hasta que Aileen empezó a golpear a Fell con su propio bastón, ya que se negaba a entregarle dinero y la obligaba a quedarse con él. Ante una sucesión de arremetidas, su esposo regresó por su cuenta a Florida donde pidió el divorcio el 21 de julio. Habían transcurrido dos meses y 17 días.

De inmediato, un juez del condado de Volusia expidió la orden de alejamiento en contra de Aileen, mientras los abogados iniciaban procedimientos legales para anular el matrimonio. El decreto de divorcio de 1977 decía que la demandada tenía un temperamento violento e ingobernable y que había amenazado con hacer daño corporal al peticionario.

De regreso a Michigan

Otra vez a la deriva y embotada por alcohol, el 14 de julio de 1976, Aileen fue arrestada en el condado de Antrim, Michigan, acusada de lanzar una bola de billar a la cabeza de un camarero en el Bernie's Club. Decidido a echarle del local por repartir a viva voz insultos obscenos a los concurrentes, el barman Danny Moore vio cómo Aileen arrojaba el proyectil con toda la fuerza.

Aquella madrugada, Jimmie Patrick, de la Oficina del Sheriff de Antrim, le detuvo por agresión, aunque también constató que Aileen tenía una orden de captura de la policía de Troy por uso ilegal de una licencia de conducir.

Con la astucia de una delirante, Aileen adujo que era un agente encubierto de una unidad policial contra el narcotráfico que realizaba una investigación. Es el recuerdo que quedó grabado en la mente de su tía Lori en torno a aquella agotadora jornada durante la cual intentó que depusieran las denuncias, según le confió más tarde a la autora Sue Russell en *Lethal Intent*.

Tres días después de ser excarcelada, Aileen se enteró de la amarga noticia de la muerte de su hermano Keith debido a un cáncer de esófago. Tenía solo 21 años. Había sido diagnosticado con la enfermedad tras ingresar al ejército en 1974. En aquel entonces se sometió a una cirugía y los médicos le aseguraron que le habían extirpado las células malignas. Lamentablemente, la operación no fue efectiva y el tratamiento de quimioterapia, llevado a cabo durante 18 meses, tampoco arrojó los resultados esperados. La metástasis se extendió al cerebro, los pulmones y los huesos.

No estuvo solo. Dawn Botkins, Barry y Lori, junto a los demás amigos de la infancia, habían acompañado a Keith a lo largo de dos años en su deterioro irreversible, animándole con regalos y cariño. Los médicos le habían permitido pasar sus últimos días en la casa de Barry, pero el 17 de julio debieron internarle por su gravedad y el desenlace fue inminente.

Aileen se mantuvo ausente durante el padecimiento de su hermano y, al igual que su madre Diane, fue a despedirse de Keith durante el servicio funerario. Aún guardaba los recortes de la boda con Fell. Con cierto humor y cinismo, explicó que se había separado por las palizas que se daban entre ambos.

Keith había dejado a su nombre el beneficio de una póliza de seguro de vida de 10.000 dólares, lo que alegró a Aileen. Usó el dinero para pagar multas pendientes en Michigan, cumplir el sueño de tener un coche propio —un Pontiac negro— y comprar un equipo de música estéreo. Antes de terminar el año, ya se había gastado todo el dinero y el vehículo había quedado estropeado en un choque causado por estar ebria. Pronto debió vender el estéreo y empeñar su anillo de casada.

Era el momento de partir. No se quedaría para la boda de Lori que se celebraría en Michigan. Aileen no podía relacionarse afectuosamente con ningún integrante de su familia. Estaba convencida de que no merecía su amor, y el resentimiento era el veneno que le alimentaba.

Madre e hija

Aileen levantó nuevamente su pulgar y se dirigió a Texas. Quería presentarse de sorpresa en la casa de Diane con la intención de compartir un par de semanas con ella.

Eran dos desconocidas con limitaciones enormes para hablar sobre los sentimientos de la una por la otra. Para entonces, el miedo de Diane hacia su hija le ocasionaba una insoportable tensión nerviosa y temía que quisiera vengarse por el abandono en su infancia: «Hay algo en ella que me asusta, eso es todo lo que puedo decir», reveló Diane a su hermano Barry en una llamada telefónica, al no saber cómo actuar ante la inesperada visita, tal como se relata en *Lethal Intent*.

En efecto, Diane no confiaba en ella y fantaseaba con que podría asesinarle mientras dormía o que le robaría las llaves de su coche. La cuestión se zanjó velozmente. La misma Aileen se cansó del trato distante que le deparaba su madre biológica y de las reglas que procuraba imponerle para disciplinarle, por lo cual resolvió marcharse enseguida a Colorado.

Hacia 1977 regresó con sus amigos moteros y el 23 de diciembre protagonizó otro arresto por conducir alcoholizada. Al ser interceptada por la policía, el análisis de alcoholemia arrojó una cifra elevada; además, no disponía de la licencia de conducir. Al revisar el interior del vehículo, descubrieron en la guantera una pistola automática calibre 22 con tres balas de punta hueca y sin permiso de portación. Acostumbrada a dar falsas excusas, en esta ocasión argumentó que su novio era el dueño del coche y del arma.

Con escasos 22 años, Aileen se había transformado en una alcohólica al borde del desahucio y en una ladronzuela renegada que asaltaba a mano armada de un modo tan espasmódico como maquinal, lo que le ayudaba a sobrevivir y a no ser apresada.

Un año más tarde, su tía recibió una llamada telefónica. Aileen estaba internada en un hospital por haberse disparado intencionalmente en el estómago, aunque Lori no se animó a preguntar dónde se hallaba. No era la primera vez que atentaba contra su propia vida. En enero de 1976, había tratado de suicidarse con una sobredosis de somníferos.

Después de este suceso, el rastro de Aileen se perdió por un largo periodo.

Capítulo 7

UNA VIDA AL MARGEN
DE LA LEY

«El mango de mi arma estaba sobresaliendo, y la mujer empezó a gritar como si estuviera robando la tienda. Ella se asustó, y yo le dije "¡Qué demonios! ¿Quieres un robo? Entonces dame tu dinero".»

AILEEN WUORNOS

En la década de los ochenta, Aileen Wuornos llevó adelante una serie de atracos en el Estado de Florida, alguno de ellos a mano armada. Esto la obligó a desplazarse de forma intermitente por los distintos condados para escapar del peso de la ley. Sin embargo, no siempre pudo evitar que le encarcelaran, tal como ocurrió durante la primavera de 1981.

En aquel entonces estaba enamorada de un tal Jay Watts, un hombre de 52 años a quien había conocido jugando al billar en el bar Talk of the Town de Daytona Beach. Después de un tiempo de encontrarse con él a beber, le adoptó como su alma protectora y se animó a pedirle alojamiento, ya que se encontraba escasa de dinero como para pagarse un motel. Jay realmente disfrutaba de su compañía, así que aceptó compartir su casa, además de cederle una vieja camioneta Ford para que pudiera trasladarse con libertad por la ciudad.

La convivencia entre ambos pareció pacífica en las primeras semanas, hasta que se produjo una discusión a la cual Jay no le atribuyó ninguna importancia. Sin embargo, esa desavenencia, acaecida el 19 de mayo de 1981 por la noche, desencadenó en Aileen un ataque de desesperación potenciado, seguramente, por la gran cantidad de barbitúricos que consumía. Para esa época, tenía el hábito de tomar Quaaludes, un medicamento de acción depresiva del sistema nervioso recetado clínicamente para el tratamiento del insomnio, pero utilizado ilegalmente como una droga recreativa. Asimismo, alternaba la ingesta de este fármaco con tabletas de Librium, un ansiolítico con la misma acción sedante, que combinado con el consumo de alcohol podía generar una reacción nerviosa sumamente explosiva, capaz de agudizar su exacerbada emocionalidad junto con la distorsión de la realidad.

De este modo, en un trance de desvarío, la mañana del 20 de mayo Aileen se subió a la camioneta, compró un paquete de seis cervezas y se detuvo en una casa de empeños para adquirir una nueva pistola calibre 22 y municiones. El plan, nuevamente, era suicidarse.

En el artículo periodístico *Kiss and Kill*, Mark Macnamara reproduce el testimonio de Aileen acerca de aquel día:

«Estaba harta de vivir. No tenía nada. Incluso traté de unirme al servicio, el ejército, la marina, la fuerza aérea, pero necesitabas 42 puntos para pasar, y siempre perdí por exactamente cinco puntos. Así que iba a suicidarme. Bebí una caja de cerveza y un cuarto de whisky. También tomé cuatro tabletas de Librium y me fui hasta Majik Market en Edgewater. Tomé otro paquete de seis cervezas y dos Slim Jims. Me acerqué al mostrador y apoyé mi bolso. El mango de mi arma estaba sobresaliendo, y la mujer empezó a gritar como si estuviera robando la tienda. Ella se asustó, y yo le dije, "¡Qué demonios! ¿Quieres un robo? Entonces dame tu dinero"».

Completamente ebria, apuntó con el revólver a la empleada, quien extrajo 33 dólares de la caja registradora. Después se retiró de la tienda y se subió a su vehículo, pero alcanzó a avanzar pocos metros, ya que el radiador explotó y unos chicos le ayudaron a empujarle hasta una gasolinera cuando, detrás de ella, llegó la policía.

Russell Armstrong —el abogado contratado por Jay— después de conversar con su defendida, supuso que padecía alguna clase de trastorno mental y solicitó al magistrado Kim C. Hammond que ordenara una evaluación psiquiátrica antes del juicio. Después de hablar con la mujer, el doctor George W. Barnard le describió como una persona inestable que, además de afirmar haber sido abusada sexualmente en reiteradas oportunidades, había sufrido muchas conmociones emocionales en su vida. Sin embargo, le consideró competente para ser juzgada, porque estaba legalmente cuerda en el momento del presunto delito y no cumplía con los requerimientos necesarios para una hospitalización involuntaria.

Condenada a prisión a los 26 años, el 4 de mayo de 1982, Aileen fue trasladada a la Lowell Correctional Institution y más tarde, al Hollywood Community Correctional Center en Pembroke Pines, al sur de Daytona. Por su parte, Jay prometió enviarle 50 dólares mensuales por correo hasta que saliera en libertad, pese a que el vínculo romántico había caducado.

En la prisión, su carácter renegado no se sosegó y Aileen fue sometida a frecuentes correctivos por su afición a las peleas. También, mantuvo relaciones sexuales con otras mujeres. A la vez, con el deseo de conocer un nuevo amor, publicó un anuncio en una revista de moteros e inició una correspondencia con un hombre de Maryland llamado Thomas «Ed» Shelton, de 47 años.

Cuando fue liberada, el 30 de junio de 1983, decidió visitar a Shelton sin consultarle antes. Si bien se sorprendió de la visita, era un hombre demasiado sensible como para rechazarle.

Así que le ayudó, y para que contara con un trabajo decente, resolvió pagarle un sueldo por realizar las tareas domésticas brindándole, además, alojamiento. Ed se dio cuenta de su alcoholismo y hablaron a menudo de su problema con la bebida, como asimismo de sus reacciones agresivas.

Ella confesó a Ed que era lesbiana, algo no tan común en los años ochenta, por lo que podía repercutir negativamente y provocar discriminación. Sin embargo, el hombre le aceptó tal como era. Con su alcoholismo, su violencia, sus botas, su chaqueta de cuero que emulaban el estilo de vestimenta de los moteros, su fascinación por las películas de acción protagonizadas por pandillas de gánsteres y su devoción por Bonnie Parker y Clide Barrow, el dúo de delincuentes que, además de despertar su admiración, le inspiraban.

Tal vez, Ed haya sido la única persona que se interesó genuinamente en ayudar a Aileen a superar su obsesión por la bebida. Fue él quien consiguió obtener una entrevista en The Thomas B. Finan Center —el hospital psiquiátrico de Cumberland, en Maryland— y lograr que le admitieran como paciente. Y lo más difícil e impensado, aun a regañadientes, logró que Aileen consintiera en ser internada.

Pero, de improviso, Aileen terminó huyendo de la institución para conocer la comunidad de los telepredicadores Jim y Tammy Bakker, quienes ofrecían sus servicios religiosos en Heritage Village Church, una congregación de Carolina del Norte. Alejada definitivamente de Ed, se entusiasmó con el mensaje de este grupo de evangelistas, aunque no tanto como para permanecer junto a ellos. Entonces, regresó a Florida.

Falsas identidades

Aileen no solo trabajó como prostituta y ladrona. También, se desempeñó intermitentemente como camarera, cajera o mucama, pero su comportamiento antisocial y delictivo le llevaron a conducirse cada vez con mayor impunidad, por lo que quedó a merced de posibles detenciones y procesos judiciales que supo entorpecer gracias a diferentes alias.

En enero de 1984, se mudó por un corto lapso a New Smyrna Beach, en el condado de Volusia, para trabajar como mucama en la vivienda de un conductor de camiones retirado. No satisfecha con esa ocupación, se trasladó a Key West en el extremo sur de la Florida, donde probó suerte en distintos empleos, además de atreverse a imitar la firma de uno de sus jefes y falsificar dos cheques de 5.000 y 595 dólares.

El 1 de mayo de 1984 fue detenida por intentar cobrarlos en el Barnett Bank. Cuando la liberaron, partió entonces hacia Daytona Beach sin aguardar a la audiencia judicial para la sentencia. Al no presentarse ante el tribunal, se emitió una orden de arresto. Recién el 30 de abril de 1986 se declararía culpable de la falsificación, tras negociar un acuerdo con la fiscalía para que no le encarcelaran.

Un año más tarde, Aileen se involucró con una mujer de nombre Toni, que trabajaba en una lavandería de limpieza al vapor. El apasionamiento, los celos y la violencia física caracterizaron la relación. En el *Orlando Sentinel* la asesina en serie explicó a Kevlin Haure en la entrevista titulada *I'm not a Man-Hater*: «Tengo mucho amor en mí, pero nunca tuve la oportunidad de dárselo a alguien porque cada vez que se lo di a alguien, me lo quitaron», y esta oportunidad no fue la excepción. Invariablemente, el modo de idealizar a la persona que amaba y el aferrarse a ella de manera incondicional le acarreaba grandes desengaños.

Planeó asociarse con Toni para montar un local de limpieza de alfombras en Orlando con la expectativa de convertirse en la propietaria de un comercio para el resto de su vida. Azuzada por el proyecto, se dedicó por varios meses a ahorrar para invertir en maquinaria. Tras concretar la compra, se envió la lavadora a la casa que compartía con su pareja, pero días después, de regreso de las carreteras, encontró la vivienda completamente vacía: su amante le había robado todo, también su ropa.

Aquel año reinició las llamadas a su tía Lori, aunque omitía referirse a su paradero. Estaba desconsolada por la estafa de Toni y hablaba sin ilación en un monólogo extenso y plagado de divagaciones. Atravesaba raptos de misticismo, afirmándose en la fe en Dios: «He cambiado. Ahora soy una buena persona. Estoy sirviendo al Señor y estoy leyendo la Biblia», tal como lo testimonia Sue Russell en *Lethal Intent*.

Paradójicamente, seguía usando el nombre de casada de su tía, Lori Kristine Grody, para llevar adelante sus actividades ilegales. Bajo este alias, fue señalada sospechosa en el hurto de una pistola calibre 38 en el condado de Pasco el 30 de noviembre de 1985. El denunciante del robo fue un cliente que le había dado alojamiento por unas noches a cambio de sexo. Tras desaparecer, se dio cuenta de que Aileen le había sustraído el revólver Welby que guardaba en su coche.

En diciembre, tomó de nuevo prestado el nombre de Lori Kristine Grody cuando la policía de tráfico de Pasco le multó por conducir sin licencia un Chevy Blazer marrón, pero la detención se complicó al comprobarse que el coche era robado. En el intento de escapar, Aileen aceleró girando apresuradamente en dirección opuesta, pero lanzados a la persecución, los oficiales alcanzaron a atraparle y aunque otra vez amagó con darse a la fuga, acabaron por esposarle. Cuando revisaron el interior del coche, descubrieron en la guantera la pistola calibre 38 denunciada el mes anterior más una caja de municiones.

Poco después, el sábado 4 de enero de 1986, intentaron detenerle en Miami bajo su propio nombre, acusada del robo de automóviles, resistencia a la autoridad y obstrucción a la Justicia por proporcionar información falsa. La policía volvió a encontrar un arma en su poder sin el permiso correspondiente. Sin embargo, Aileen se las ingenió para huir.

Unos meses más tarde, en un paroxismo de descontrol, el 2 de junio del mismo año, reclamó a un hombre llamado Wayne

Manning que le devolviera los 200 dólares que le había robado. El escandaloso griterío en el interior de una camioneta Dodge conducida por Aileen bajo la identidad de Lori Kristine Grody, atrajo la atención de los ayudantes del sheriff de Volusia. Estos se aproximaron al vehículo, le revisaron y descubrieron que transportaba una pistola calibre 22 escondida en una bolsa de papel debajo del asiento con municiones de repuesto.

Inmediatamente, Aileen negó ser la propietaria del arma e incluso dijo ignorar que había una en la camioneta. Acusada del robo, no compareció ante el tribunal cuando fue citada y otra orden de arresto quedó pendiente.

Una semana más tarde, fue multada por exceso de velocidad en el condado de Jefferson bajo el nombre de Susan Lynn Blahovec, exesposa de un cliente. Este fraude le permitiría quedarse con su licencia y documentación.

Además de utilizar la identidad de Sandra Kretsch, de su tía Lori y de Susan Lynn Blahovec, pronto usaría también el nombre de Cammie Marsh Greene con el mismo objetivo: burlar la ley. Con gran eficacia, estos alias contribuyeron a retardar la identificación y la captura de Aileen toda vez que se emitieron órdenes de arresto en su contra.

Sin marcha atrás

Cuando salía a las carreteras, a veces Aileen se presentaba como una madre que tenía a su niño enfermo y requería medicamentos, o que precisaba pagar el alquiler con urgencia porque le iban a desalojar junto a su familia. En su mundo difuso gobernaban los ocultamientos y los engaños, resultándole cada vez más difícil separar la verdad de la mentira.

Desarraigada y avanzando sin rumbo, tenía 30 años y el sentimiento de omnipotencia se adueñó de ella de modo irreversible. Como es propio en los psicópatas, comenzó a mostrar una acusada tendencia a usar a las personas y manipularles para obtener algún beneficio de ellas, o simplemente para divertirse sin admitir responsabilidad alguna. La manía de excusarse como eterna víctima era el latiguillo que se repetiría *sine die*.

El universo de Aileen Wuornos empezaba a estar plagado de versiones confusas de sí misma. Quedaba poco margen para escapar a la condena de un destino trágico.

Capítulo 8

TYRIA MOORE, DEL AMOR A LA TRAICIÓN

«Evidentemente ya no me amas. No confías en mí ni en nada. Quiero decir, vas a dejar que me meta en problemas por algo que no hice.»

TYRIA MOORE

«Yo te cubriré, porque eres inocente. No voy a dejar que vayas a la cárcel. Escucha, si tengo que confesar, lo haré (…). Probablemente no viviré mucho, pero no me importa. Por cierto, voy a pasar a la historia.»

AILEEN WUORNOS

Era junio de 1986 cuando Aileen Wuornos conoció a Tyria Jolene Moore, la mujer que se transformaría en la única razón de su existencia. La joven pelirroja de 24 años, contextura corpulenta y rostro cubierto de pecas estaba sentada en la barra del Zodiac, un bar gay de South Daytona. Allí ingresó Aileen, enojada como siempre y sin saber dónde pasar la noche.

Tyria era la hija de un respetado carpintero de Ohio y había perdido a su madre siendo muy pequeña. Oriunda de la ciudad de Cádiz en Ohio, desde su despertar sexual se había visto obligada a esconder su gusto por las mujeres. El entorno de esa comunidad no admitía ese tipo de «desvíos». Así que, aprovechando el dinero recibido de una aseguradora en resarcimiento por un accidente automovilístico del que había sido víctima, a los 21 años se había alejado de los suyos para vivir libremente su sexualidad.

Cuando Tyria llegó a Florida en 1984, buscó la contención espiritual de la Calvary Baptist Church, donde se adentró en las verdades de la Biblia de la mano del reverendo David Laughner y fue bautizada. En 1986 residió en Port Orange, en la casa de Cammie Marsh Greene y su esposo Dinky, dos feligreses que le habían acogido después de ser desalojada de un apartamento. En aquel entonces, trabajaba como mucama en El Caribe Motel y a la salida de su empleo se distraía bebiendo cervezas con sus amigas en el bar.

Tyria y Aileen simpatizaron de inmediato. La joven de Cádiz jamás había llevado una mujer al hogar de los Greene, quienes se contrariaron al enterarse de que estaba pasando las noches con una desconocida. Pronto el matrimonio les instó a marcharse, desaprobaban el estilo de vida que llevaban, y además consideraban que era un mal ejemplo para sus niños. Con su maña habitual, el día de la despedida, Aileen vio la oportunidad de sustraer la tarjeta de identificación de la señora Greene y su licencia de conducir, que usaría llegado el caso.

Tyria encendió en Lee —así le llamaría a partir de entonces— sentimientos que no había experimentado antes. Lee deseó protegerle como no lo había hecho con nadie. Para ella, Ty era su esposa.

Delincuencia a dúo

Mientras que Tyria siguió desempeñándose como mucama, Lee continuó con su trabajo de prostituta, algo más rentable que el de su compañera. También continuaron consumiendo en forma desmedida alcohol y drogas, y pronto la conducta de la pareja se exorbitó y comenzaron a tener problemas con la ley. Aileen, claro está, se encontraba a sus anchas. Finalmente, había hallado a alguien con quien compartir el sueño de vivir de manera anárquica, emulando a la pareja de Bonnie y Clyde.

En su largo derrotero delictivo, la policía de Daytona Beach les detuvo el 4 de julio de 1987 bajo la sospecha de haber golpeado a un hombre con una botella de cerveza, aunque Lee evadió el problema identificándose con el nombre de Susan Blahovec. Poco después, le citarían por el mismo seudónimo para presentarse ante el Tribunal de Faltas por portar una licencia de conducir suspendida. Este hecho provocó la ira de Aileen, que buscaba la riña en cada circunstancia que no le complaciera o en la que se sintiera discriminada, y no dudó en enviar cartas de amedrentamiento al tribunal para evitar que le multaran.

Tiempo más tarde, Tyria renunció a su empleo y Lee compró una vieja caravana Corsair 1968 que instalaron en el Ocean Village Camper Resort de Ormond-by-the-Sea. Si bien a Tyria no le resultaba demasiado agradable la experiencia de vivir en un camping, sí le atraía adentrarse en los bosques y realizar prácticas de tiro con un arma de fuego.

Cuando los propietarios del campamento, Billy y Cindy Copeland, les alquilaron el espacio, no imaginaban que sería para padecer semejantes disturbios, dado el alto volumen de la música a cualquier hora del día o de la noche y las frecuentes visitas de moteros de aspecto peligroso que se acercaban a la caravana. Después de unos días, les invitaron a retirarse.

De regreso a Daytona Beach, Aileen se había vuelto más buscapleitos y desafiaba a quien se le cruzase en su camino, máxime si se trataba de un hombre afroamericano. Había adoptado la costumbre de provocar a los choferes de ese origen encargados de conducir los autobuses de la ciudad. En aquella época se multiplicaron los informes de los conductores de una compañía de transporte de Volusia por las amenazas verbales y físicas de Lee. Tal fue el caso de Richard Loomis, a quien contendió por empujarle fuera del vehículo usando el alias de Cammie Marsh Green.

Pese a los altercados, ambas mujeres procuraban divertirse y disfrutaban de las idas a Flagler Beach, donde se ubicaban las playas que más les gustaban. Incluso, a pesar de que el dueño de un motel acusara a Lee —registrada bajo la identidad de Susan Blahovec— de cometer actos vandálicos en la habitación, donde arrancaron las alfombras y pintaron las paredes sin su consentimiento.

Hacia fines de 1988, Tyria comenzó a cansarse de la vida ajetreada que llevaba con Aileen. Aspiraba a vivir en un motel con piscina, o bien, a alquilar un apartamento decentemente amoblado, algo muy distinto de lo que Lee le ofrecía.

Sus requerimientos materiales eran bastante ambiciosos e incluían el acceso a un automóvil nuevo o alquilado, y Aileen anhelaba contentarle sin importarle la forma de solventar sus demandas. En *Monster: My True Story*, el criminólogo Christopher Berry-Dee asegura que la vida sexual había menguado para esta época. Si bien Lee sentía un amor genuino por Ty, no se correspondía con un deseo erótico, y en el futuro, el vínculo se transformaría en una entrañable amistad.

Tyria empezó a trabajar en el hotel Casa del Mar de Ormond Beach en 1989. En aquel entonces, Alzada Sherman, una antigua amiga de la iglesia, le propuso compartir los gastos de su apartamento con la condición de que se alejara de Aileen. La joven procuró sortear el dilema que se le planteaba y le mintió a su amiga, argumentando que Lee se quedaría solo por una noche ya que saldría de viaje. Sin embargo, con el paso de los días, se volvió evidente que permanecería con ellas y Alzada se dispuso a echarles cuando Aileen, completamente ebria y en un ataque de celos, amenazó con matarle si se atrevía a acercarse a Ty.

En el afán de satisfacer a su amiga del alma, en el segundo semestre de 1989, Lee reunió una suma suficiente para mudarse al motel Ocean Shores, en Holly Hill, y posteriormente alquiló un cómodo apartamento en un condominio con piscina en Burleigh Avenue.

Pero, en el otoño de 1990, Tyria fue despedida del Casa del Mar por sospecha de hurto y las penurias de dinero les obligaron a trasladarse a la habitación número 8 del Fairview Motel, en Harbor Oaks. A estas alturas, la relación atravesaba una desgastante circunstancia por la merma de dinero que las obligó a recalar en un modesto alojamiento ubicado detrás del restaurante Belgrado.

Tyria Moore fue la pareja de Aileen Wuornos durante cuatro años aproximadamente. La asesina nunca la incriminó en los crímenes que cometió. En cambio, Tyria testificó en su contra y se sospecha que se benefició económicamente vendiendo la historia de Wuornos a los medios.

Del robo al homicidio

A fines de 1989 y con 33 años, Aileen Wuornos lidiaba con el paso del tiempo y la pérdida del favoritismo de su clientela. Acostumbrada a atender regularmente a las fuerzas militares de Fort Myers, la necesidad de aumentar el flujo de dinero le impulsó a incursionar en aquellos bares donde aparcaban los camioneros y a recorrer las carreteras con una pistola cargada en su bolso, dejando de ser tan selectiva en la elección de los parroquianos.

Sus clientes eran generalmente hombres blancos, heterosexuales y de clase media. Como lo menciona Margot Note en *Monster-Making: Narrative Metanarrative in the Representation of Aileen Wuornos*, Aileen era capaz de atender hasta a 50 hombres al día. Con una visión profesional de su quehacer, establecía puntillosamente el valor de sus servicios: cobraba 30 dólares por una felación en el coche y esta cifra aumentaba según se realizara en un bosque o en un motel, e incluyera o no otras «prestaciones». «Pero te cansa, constantemente hablando con todos esos hombres, quedándose despiertos», le confió al periodista Mark Macnamara en *Kiss and Kill*, el artículo publicado en *Vanity Fair*.

En su testimonio bajo juramento realizado durante el juicio por el asesinato de Richard Mallory, aseguró haber matado y robado a siete hombres con los que había convenido sus servicios, a quienes acusó de intentar atacarla sexualmente y en el caso de Mallory describió en detalle cómo había sido violada por él. Según su versión, a todos les disparó en respuesta a una sensación de amenaza o directamente en defensa propia ante la agresión física o sexual sufrida.

La primera vez que habló con la policía, Aileen se enfocó en negar la participación de Tyria Moore. Recién en los interrogatorios siguientes explicó que los asesinatos habían sido en defensa propia: «Mientras salía a engancharme, hacía autostop. Un tipo me recogía y le preguntaba si estaba interesado en ayudarme porque estaba tratando de ganar dinero. Te lo digo, he tratado con cien mil tipos. Pero estos chicos son los únicos que me dieron un problema (...). Si me daba mi dinero y luego empezaba a acosarme, entonces tomaba represalias», según la declaración transcripta en *Monster: My True Story.*

Cooperación interesada

La policía tuvo la certeza de que Aileen Wuornos era la persona que buscaban a pesar de carecer de pruebas suficientes. Antes de interrogarle, los detectives Bruce Munster y Lawrence Horzepa entrevistaron a Tyria Moore, quien se encontraba bajo vigilancia en un motel de Daytona Beach, tras el arresto de su compañera de andanzas. Si bien estaba al corriente de los asesinatos, afirmaba no haber participado en ellos ni conocer a las víctimas.

Desde el momento en que fue capturada, Tyria había decidido salvarse brindando una versión interesada de los hechos. Cuando le mostraron las fotografías de los vehículos robados, supo identificarles en su mayoría, ya que las dos habían utilizado el Cadillac de Mallory para mudarse a Burleigh Avenue, también había visto a Lee aparcar el pequeño coche azul de cuatro puertas de Charles Humphreys y había conducido el automóvil de Peter Siems el día del accidente en Port Orange. De todos modos, resolvieron no procesarle como cómplice ni por ningún otro delito a cambio de su colaboración para atrapar a Lee y lograr que confesara.

Con ese fin, le tendieron una trampa. En el transcurso de tres días, desde el motel de Florida, Tyria se comunicó por teléfono 11 veces a la cárcel para contactar a su exnovia, mientras la policía escuchaba las conversaciones y el oficial Jerry Thompson las grababa. Sin rodeos y apelando a la emotividad, Tyria le suplicó a Lee que admitiera los crímenes y limpiara su buen nombre: «Evidentemente ya no me amas. No confías en mí ni en nada. Quiero decir, me vas a dejar meterme en problemas por algo que no hice».

Aileen era consciente de que el teléfono estaba intervenido y se esforzó por hablar de los asesinatos de manera solapada. Sin embargo, Tyria se volvió cada vez más insistente con que la policía le perseguía y diciéndole lo que esperaba de ella. Aileen accedió a complacer a Ty durante la última conversación de despedida.

Estas fueron sus palabras, tal como aparecen en *Monster: My True Story*,: «Yo te cubriré, porque eres inocente. No voy a dejar que vayas a la cárcel. Escucha, si tengo que confesar, lo haré (...). Cuando muera, mi espíritu te seguirá y te mantendré fuera de problemas. Te estaré vigilando. Probablemente no viviré mucho, pero no me importa. Por cierto, voy a pasar a la historia».

Finalmente, el 16 de enero de 1991, Aileen Wuornos reconoció la autoría de los asesinatos ante los investigadores Lawrence Horzepa y Bruce Munster, testimonio que quedó documentado en un vídeo de tres horas presentado luego en el juicio.

Aquel día, Lee se expresó de manera compulsiva y desatendió las recomendaciones de Michael O'Neil, el defensor público designado, quien le aconsejó mantener silencio y no hacer declaraciones. Lee, por el contrario, ofreció una versión inconsistente de lo sucedido y divagó con exageradas alabanzas a Tyria. Visiblemente alterada, justificó que los asesinatos habían sido en defensa propia: le estaban atacando y querían aprovecharse de ella.

La última vez que Tyria vio a Lee fue cuando testificó en su contra durante el juicio. Nunca intentó contactarle posteriormente y existen pruebas de que se asoció con un grupo de oficiales que le tentaron para beneficiarse con la venta de la historia de la asesina en serie a compañías cinematográficas interesadas.

En efecto, el documental *Aileen Wuornos: The Selling of a Serial Killer* da cuenta de un eventual acto de corrupción por el tráfico de información de parte de algunos investigadores de la policía, silenciado en el interior de la fuerza del condado de Marion pese a que se ordenaron los traslados de los agentes Dan Henry,

Steve Binegar y Bruce Munster. En el filme, es el sargento Brian Harvis quien afirma haber sido amenazado de muerte junto con su familia por denunciar supuestos tratos entre sus compañeros con una productora de Hollywood y Tyria Moore para divulgar información sobre el caso.

Capítulo 9

JUICIO Y EJECUCIÓN

«¿Se supone que debo morir porque soy
prostituta? No, no lo creo.»
AILEEN WUORNOS

E l juicio contra Aileen Wuornos comenzó el 13 de enero de
1992. Estaba acusada por el asesinato en primer grado
seguido de robo de Richard Charles Mallory, un delito que
en el Estado de Florida podía castigarse con la pena de muerte.
Por tratarse de un proceso judicial en el que se iba a dirimir la
posibilidad de una ejecución, era preciso celebrarlo en dos eta-
pas. En una primera fase, había que establecer la inocencia o la
culpabilidad de la acusada, tarea a cargo de un jurado compuesto
por 12 personas. En la segunda, de ser considerada culpable, el
juez sería el encargado de imponer la pena.

Al comenzar el juicio, el fiscal John Tanner fundamentó la
acusación basándose en la grabación en cinta de vídeo efec-
tuada el año anterior, cuando Wuornos había confesado su responsabilidad en el crimen de Mallory delante de los detectives
Bruce Munster y Lawrence Horzepa. Asimismo, como un hecho
excepcional, el juez Uriel Blount permitió a la fiscalía la aplica-
ción de la Regla de Williams, por medio de la cual Tanner podía

incorporar en carácter probatorio otras pruebas incriminato-rias correspondientes a los seis asesinatos restantes por los que no estaba siendo juzgada todavía, para demostrar la existencia de un patrón delictivo.

Designada defensora pública, la abogada Tricia Jenkins tra-bajaba en aquel entonces de modo simultáneo en otros 12 casos destacados y, como afirmó la psicóloga feminista Phyllis Chesler, hasta el más idealista de los defensores públicos haría un trabajo insuficiente pese a sus buenas intenciones. Las solicitudes de Jenkins para que Aileen recibiera un audífono y un par de gafas para enfrentar el juicio fueron denegadas, por lo cual apeló a la prensa para referirse al maltrato recibido en la cárcel y a la nega-ción de las autoridades para que gozara de asistencia médica.

Como primera medida, Jenkins objetó el uso probatorio de las aseveraciones de Aileen vertidas el 16 de enero de 1991, ya que para la defensa eran el resultado de una manipulación intencio-nal de la relación que mantenía con Tyria Moore por parte de los detectives del caso.

En ese momento, había respondido el interrogatorio sin mos-trar una comprensión racional de sus derechos y era preciso descartar la grabación como evidencia. Además, esta se había filtrado a los medios de comunicación con antelación al juicio e influenciado negativamente a la opinión pública y a los miem-bros del jurado. Por eso, era necesario un cambio de sede para un proceso justo, un derecho concedido anteriormente a otro ase-sino por similares razones. Pero el juez Blount no solo rechazó la moción de descartar el vídeo como prueba, sino que aseguró que el jurado del condado de Volusia sería imparcial.

En la apertura del juicio, Jenkins también procuró retratar a la acusada como una mujer que había sufrido una vida de victimi-zación y violencia, advirtiendo el riesgo de que su condición de lesbiana y prostituta conllevara un prejuzgamiento moral. Sin embargo, posteriormente no convocó a testigos para declarar a

Defendida por la abogada feminista Tricia Jenkins, la imagen de Aileen Wuornos mostrada en el proceso fue la de una víctima de la violencia. El juicio se llevó a cabo en 1992.

su favor y prescindió de llamar al estrado a expertos en abuso infantil y psicología de la adopción.

En contra de la recomendación de sus abogados, Aileen Wuornos testificó el 24 de enero y brindó una descarnada descripción de la supuesta violación por parte de su primera víctima: Richard Mallory.

Aseguró que Mallory le había recogido haciendo autostop como tantos otros clientes y que se habían emborrachado juntos. A continuación, entraron en una zona boscosa y él intentó violarla introduciéndole un objeto contundente. Cuando cogió la bolsa donde guardaba el arma, los dos lucharon en la parte delantera del coche hasta que ella se impuso, apuntó contra él y le disparó. Después, vació sus bolsillos, ocultó el cuerpo debajo de un retazo de alfombra y huyó en su coche hasta el motel Ocean Shores donde se reunió con Tyria, a quien le dijo que había matado a un hombre. Días más tarde, empeñaría la cámara fotográfica y el detector de radares, propiedad de Mallory. «¿Se supone que debo morir porque soy prostituta? No, no lo creo», provocó al jurado.

La justicia convocó a Tyria Moore, quien señaló a Aileen como la autora del asesinato de Mallory. Mientras evitaba mirarle a los ojos, aseguró que el día de la muerte de Mallory, Lee le dijo que había matado a un hombre, sin mostrar señales de nerviosismo y, mucho menos, arrepentimiento. También, le pidió que se olvidara del tema.

Por su parte, el fiscal Tanner desestimó las afirmaciones de la acusada de haber matado en defensa propia al señalar las inconsistencias de sus declaraciones. En su alegato dijo: «Wuornos no es una víctima porque es una prostituta. Ella ha elegido serlo», según el libro *El derecho de una mujer a la autodefensa: el caso de Aileen Carol Wuornos* escrito por Phyllis Chesler.

Por la acusación, también declararon Lori Grody y Barry Wuornos, tíos biológicos y hermanastros de Aileen, quienes aseguraron no haber visto a su padre abusar de ella, al margen de los severos azotes que le impartía.

Tras una hora y media de deliberaciones, el 27 de enero de 1992, los 12 miembros del jurado encontraron a Aileen Wuornos culpable de asesinato en primer grado y de robo a mano armada. El juicio siguió el 28 de enero de 1992 con el fin de determinar si la condena sería a muerte o a cadena perpetua, según el hallazgo de circunstancias agravantes o atenuantes.

Hacia el veredicto

En esta segunda fase del proceso, la defensa introdujo nuevas pruebas vinculadas con los padres biológicos de Aileen Wuornos, centradas particularmente en los antecedentes psiquiátricos y criminales de su padre Leo Pittman, que sugerían una «herencia genética».

A la vez, llamó a testimoniar a los psicólogos Elizabeth McMahon y Harry Krop, quienes establecieron la existencia de una alteración mental en el momento del crimen de Mallory, un trastorno límite de la personalidad, que le tornaba profundamente inestable.

Para los especialistas, no era correcto interpretar que la acusada mentía o que modificaba la visión de los hechos intencionalmente, ya que se trataba de una dolencia emocional extrema que afectaba su capacidad para ajustar su conducta a la ley. Además, presentaba una disfunción orgánica en la corteza cerebral y desde los 14 años sufría de alcoholismo.

A pesar de que el doctor Bernard —el psicólogo convocado por la fiscalía— convino en que Aileen experimentaba una perturbación mental potenciada por los efectos del alcoholismo, los déficits genéticos y las carencias ambientales, concluyó que su perturbación no era extrema en el momento del crimen.

Finalmente, el jurado recomendó la sentencia de muerte por unanimidad, a partir de concluir que existían cinco circunstancias

El 9 de octubre de 2002, Aileen Wuornos cumplió su condena: fue ejecutada por inyección letal. El gobernador de Florida, Joe Bush, había firmado la orden días antes.

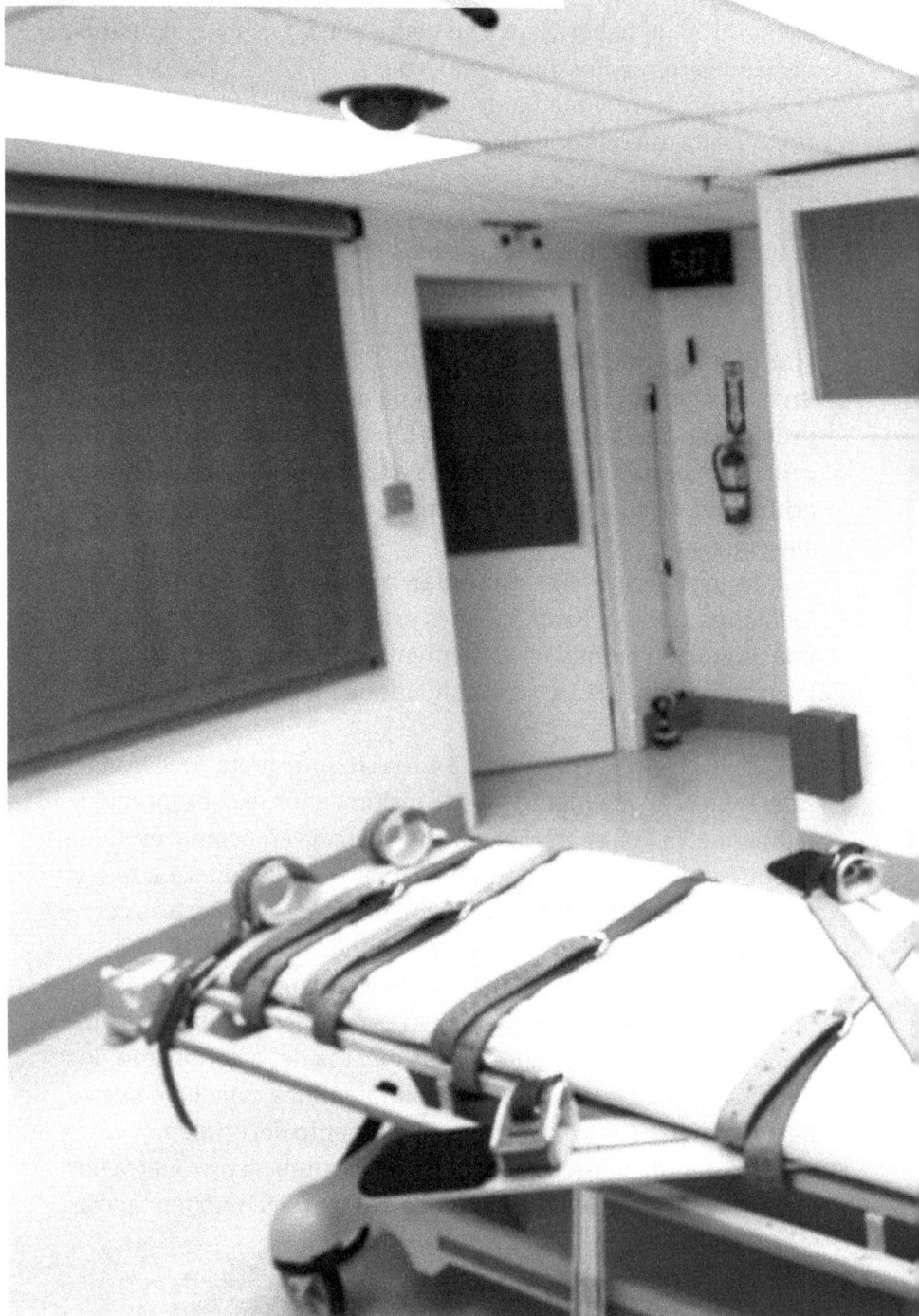

agravantes y solo un factor atenuante. En este sentido, especificó como agravantes: la condena por el uso de arma y amenaza de violencia, el asesinato cometido durante la comisión de un robo con el fin de evitar el arresto, así como la crueldad con la que había sido cometido el crimen y, por último, el cálculo y premeditación para llevarle a cabo.

Con respecto al factor atenuante, el jurado indicó que la acusada sufría trastorno Límite de la personalidad; aunque, de todos modos, este mal no le impedía reconocer la diferencia entre el bien y el mal. Por otra parte, el juez contempló la existencia de mitigadores no estatutarios, al reconocer en Aileen la presencia de un trastorno antisocial y un trastorno límite de la personalidad, los efectos del abuso físico durante su niñez —junto con los suicidios del padre y de su abuelo—, el ejemplo de una abuela alcohólica y la ausencia de la madre.

No obstante, avaló la recomendación del jurado y condenó a Aileen Wuornos a la pena máxima el 31 de enero de 1992. Al oír la sentencia, Aileen, furiosa, se dirigió al jurado y les gritó: «¡Fui violada! ¡Espero que los violen, basura americana!».

Las acusaciones de los cinco crímenes restantes se resolvieron mediante alegaciones y recibió cinco penas de muerte adicionales por ellos. Asesorada por el mediático abogado Steven Glazer, Aileen no impugnó las acusaciones por los asesinatos de Dick Humphreys, Tony Burress y David Spears e invocó *nolo contendere* o *no contest* negándose a brindar una argumentación para su defensa. En los alegatos siguientes, la acusada se declaró culpable del asesinato de Charles Carskaddon y de Walter Gino Antonio.

En el «corredor de la muerte»

Aileen permaneció los años siguientes en la Broward Correctional Institution, en Pembroke Pines, Florida. A lo largo de una década, su estado mental experimentó un significativo deterioro y las nebulosas versiones sobre la verdad de sus crímenes recrudecieron. Algunas veces afirmaba haber sido víctima de intentos de violación y en ocasiones argüía haber matado a sangre fría para robar a sus clientes.

Así, por ejemplo, en una de sus tantas declaraciones, en una entrevista con la emisora WESH-TV, de Orlando, echó por tierra los argumentos de sus entusiastas para intentar salvarle: «Era plenamente consciente de que les iba a robar y matar. No fue en defensa propia». Menos desafiante, a diferencia de lo dicho en 1992, esta vez pidió perdón a los familiares de las víctimas. «Una vez que terminas de matar a una persona y te das cuenta de lo que has hecho, te persigue el resto de tu vida», agregó.

Por otra parte, jamás apeló las sentencias de muerte porque deseaba ser honesta y sincera con Dios, convencida de que podría acceder a una nueva vida con la resurrección.

Aileen terminó de enloquecer en el corredor de la muerte, pero la alternativa de que ingresara en una institución psiquiátrica fue descartada. La psicóloga feminista Phyllis Chesler hizo visible los abusos y las amenazas de las que era objeto por parte de los guardias, ya que Aileen sospechaba de la organización de un complot en su contra y de que le envenenarían la comida.

Curiosamente, durante este período se dedicó a escribir con tesón y estudió de manera ininterrumpida sobre leyes, política y gran variedad de temas. En este sentido, el libro *Dear Dawn: Aileen Wuornos in Her Own Words* se convirtió en una valiosa compilación, a cargo de Lisa Kestler y Dafne Gottlieb, gracias a la abundante correspondencia que mantuvo con su amiga Dawn Botkins a lo largo de diez años. También, recibió a entrevistadores que más tarde publicaron obras sobre ella, como es el caso del criminalista Berry-Dee, que la visitó hacia 1997.

Con la intensidad que le caracterizó y su gusto por las provocaciones, Aileen intentó acelerar su ejecución con un discurso desafiante que apuntaba contra los funcionarios de la Justicia: «Todo lo que quiero hacer es esperar la silla y salir del planeta que está lleno de maldad y de corrupción en las salas de tribunal» —como la cita Margo Note en *Monster-Making: Narrative Metanarrative in the Representation of Aileen Wuornos*— y en una carta al juez Charles T. Wells, fechada el 2 de junio de 2001: «Soy una persona que odia seriamente la vida humana y mataría de nuevo».

Reconoció que merecía morir, pero la necesidad de reivindicarse no le abandonó nunca. Con su estilo corrosivo, en una entrevista con el periodista Michele Gillen para el programa *Dateline NBC*, Aileen se dirigió a las familias de las víctimas asesinadas: «Me lo debes. Tu marido me violó violentamente y los otros cinco lo intentaron, y tuve una gran pelea para ganar».

El final

Aileen vivió más de una década en el «corredor de la muerte». El 2 de octubre de 2002, el gobernador de Florida, Jeb Bush, hermano del entonces presidente de Estados Unidos, decidió firmar la orden de muerte con una determinación que, para algunos, perseguía un beneficio electoral con vistas a su posible reelección.

Ante el inminente cumplimiento de la orden, el 7 de octubre, Aileen Wuornos se despidió de su abogado Ragg Singhal, quien había solicitado un examen de su capacidad mental en un último intento por salvarle. Sin embargo, la evaluación realizada por el equipo de psiquiatras del Florida Department of Correction determinó que estaba psicológicamente sana para entender las razones de su condena y la consideraron legalmente calificada para morir.

El 8 de octubre, Aileen dio una última entrevista a Nick Broomfield para su documental *Aileen Wuornos: The Selling of a Serial Killer*. El periodista le escuchó divagar con un discurso hermético de tono mesiánico y casi inentendible: «Me gustaría decir que estoy zarpando con Roca y regresaré como el Día de la Independencia con Jesús, el 6 de junio, como en la película, la gran nave nodriza y todo. Volveré». Parecía estar atravesando por un trance psicótico. «Sus ojos eran hipnóticos y tristes y aterradores, en igual medida», diría más tarde el documentalista.

Pasó la noche leyendo la *Biblia* y seguramente escuchó por última vez *Carnival*, la bella canción de Natalie Merchant que tanto le gustaba. Su amiga Dawn Botkins permaneció a su lado hasta el último momento: «Estaba dispuesta a irse. Era lo que quería (...). Ella rezó para que los chicos que mató sean salvados». Así la evocó Broomfield en *Aileen Wuornos: The Selling of a Serial Killer* desde el jardín donde esparció más tarde sus cenizas.

Considerada alternativamente una homicida que odiaba a los hombres y la «primera asesina en serie de Estados Unidos», o como una heroína feminista que asesinó en defensa propia, Aileen Carol Wuornos fue ejecutada en la prisión de Starke, a los 46 años, con una inyección letal compuesta de pentotal de sodio, bromuro y cloruro de potasio. Fue la tercera ejecución femenina en la historia del Estado de Florida. El 9 de octubre de 1992, la asesina a quien los medios denominaron «El Monstruo», «Mujer Araña» y «Doncella de la Muerte» por fin descansaba en paz.

Capítulo 10

LA CONTROVERSIA

«En nuestra parte del Estado, la etiqueta de lesbiana es tan perjudicial como la de asesina en serie.»

TRICIA JENKINS, abogada defensora de Aileen Wuornos.

Tras la condena a muerte de Aileen, la psicóloga feminista Phyllis Chesler se comunicó con Jack Kassewitz, investigador privado de la NBC. Pocos días después, el 5 de noviembre de 1992, se conoció públicamente la noticia sobre los antecedentes penales de Richard Mallory en el programa televisivo *Dateline NBC* de Michele Gillen. La novedad era que, entre 1958 y 1968, la primera víctima de Aileen Wuornos había cumplido una condena por violación en el Estado de Maryland. Al ser interrogado durante la emisión, el fiscal John Tanner admitió que la preparación de la acusación para encarar el juicio contra Aileen había resultado incompleta.

En realidad, tres días antes del comienzo del proceso, el 10 de enero de 1992, Tanner había revelado esta información al juez Uriel Blount. Dada la inmediatez de la fecha, el magistrado había instruido a la defensa con el mandato de no incluir el hecho como evidencia. Esta decisión determinó que los miembros del jurado que condenó a pena de muerte a Aileen Wuornos ignorasen los desvíos sexuales y las tendencias sociópatas del hombre que esta había asesinado en 1989.

Mallory había estado en la prisión de máxima seguridad de Patuxent para delincuentes sexuales y el doctor Harold M. Boselaw había declarado en su juicio la existencia de un patrón de personalidad esquizoide que le llevaba a actuar como un «depredador de mujeres».

Después del juicio a Aileen, Phyllis Chesler contrató a Brian Jarvis para llevar a cabo las averiguaciones. Sin embargo, el expolicía de Marion no había logrado avanzar en la pesquisa, y fue entonces que decidió a hablar con Jack Kassewitz de la NBC.

Al ser interrogada por Lawrence Horzepa durante la investigación del crimen de Mallory, Jackie Davis, exnovia de la víctima, había mencionado los violentos cambios de humor que padecía su antigua pareja. De todos modos, el juez Blount negó una moción de la defensa para la admisión del testimonio de la mujer. Asimismo, las bailarinas Chastity Lee Marcus, Kimberly Guy y Nancy Peterson habían sufrido actos de violencia de su parte. «La policía, y no estoy dando nombres, sabía todo sobre Mallory y su mente sucia. Si yo hubiera sido Lee Wuornos en esas circunstancias, le habría disparado también», le confió una de ellas al criminalista Berry-Dee en *Monster: My True Story*.

Por otra parte, muchos señalaron como grave error el que Aileen fuese considerada jurídicamente imputable, ya que padecía problemas psiquiátricos. De haber sido declarada inimputable, quizá hubiera salvado su vida, ya que, a pesar de que el Tribunal Supremo de los Estados Unidos autorizaba ejecutar criminales que padecieran trastornos mentales, lo más común era que les permitieran ingresar en una institución para enfermos mentales.

El empeoramiento de Aileen, como dijimos, se puso de manifiesto en los altercados en la cárcel derivados de sus delirios de persecución y de episodios de tipo psicótico.

Entre los psicólogos forenses, el doctor Glenn Caddy identificó en ella un trastorno delirante y la consideró incompetente para ser condenada a muerte.

También, Michael O'Neil, su primer defensor público, estaba convencido de que no debía ser ejecutada y que podría haberse defendido de las acusaciones tal como lo expone en *La triste vida de Aileen Wuornos*. El criminalista Christopher Berry-Dee escribió en su libro *Monster: My True Story*: «Si la historia de Aileen Wuornos tiene algún valor real en absoluto es exponer un sistema de justicia penal por lo que era y probablemente sigue siendo».

¿Es peor ser lesbiana que asesina?

Por otra parte, la condición homosexual de la acusada para muchos resultaba tan repudiable como sus asesinatos. Así lo refirió la defensora Tricia Jenkins durante el juicio: «En nuestra parte del Estado, la etiqueta de lesbiana es tan perjudicial como la de asesina en serie».

La perspectiva feminista de los años noventa y de la psicóloga Chesler cuestionó, incluso, la categorización que le atribuyeron de asesina en serie; para ella, el móvil no se atenía a este perfil criminal ya que no les había agredido sexualmente sino lo contrario. Durante la emisión televisiva *Aileen Wuornos: la primera asesina en serie femenina de Estados Unidos*, ella misma declara: «No entiendo cómo nadie puede entender que se puede violar a una prostituta». Finalmente, en los últimos días de su vida volvió a insistir, ante el documentalista Nick Broomfield, con la cámara apagada y en *off*, que había matado a todas sus víctimas en defensa propia.

A pesar de estas consideraciones, hay que señalar, sin embargo, que el accionar de Wournos cumple con los requisitos para ser considerada una asesina en serie: existe un patrón a la hora de buscar las víctimas —hombres de mediana edad que pagan por sexo o recogen mujeres en la ruta—; uso de una misma arma —la pistola calibre 22— y la existencia de un período de enfriamiento entre los asesinatos, lo cual sugiere premeditación.

El jurado, la opinión pública y la Justicia descreyeron de las alegaciones de defensa propia esgrimidas por Aileen. La argumentación podía resultar plausible en el caso de su primer asesinato, el de Mallory, pero no parecía razonable que hubiera matado seis veces en defensa propia en el solo período de un año.

Hay que recordar, asimismo, el *modus operandi* repetido, no solo al momento de asesinar, sino posterior a cada uno de los crímenes: la mayoría de las víctimas fueron encontradas desnudas o semidesnudas, habían recibido varios disparos estando indefensas y todas habían sido robadas y su cadáver abandonado.

Sin embargo, siempre según la versión de Aileen, los crímenes se habrían desencadenado a partir de una sensación de peligro inminente o ante la negativa de un pago, y en todas estas ocasiones, Aileen se había sentido disgustada. «La mayoría de las veces estaba borracha. Era una prostituta profesional y estos tipos aceptarían mi oferta. Cuando empezaron a ponerse duros conmigo, me fui. Me abrí y les disparé. Solo estaba tratando de ganar mi dinero y me estaban dando molestia», le aseguró a Berry-Dee, autor de *Monster: My True Story*.

Acerca de Peter Seims, alcanzó a relatar, por ejemplo: «El hombre estaba desnudo y no le iba a dar una oportunidad para que me viole». Por estar ebria al momento de subirse al Pontiac Sunbird en la Interestatal, se acordaba vagamente del trayecto que siguieron. Nada dijo sobre qué hizo con el cadáver, que jamás fue encontrado. En cambio, Walter Gino Antonio se había detenido en la autopista mostrando su placa de reservista y había amenazado con arrestarle a menos que le atendiera gratis.

Las motivaciones que le impulsaron a asesinar plantean una importante variedad de conjeturas. Algunos criminólogos apelaron a la «teoría de la trasgresión», según la cual el acto de matar se había convertido en una droga para ella, al no ser atrapada por el primer crimen. A partir del presunto ultraje de Mallory, es posible que Aileen se sintiera menoscabada y que solo un insulto, un gesto, o tan siquiera un comentario le incitaran a matar.

En el juicio, quedó establecido que el móvil de los asesinatos había sido el robo y la eliminación de testigos, pero alguien que la conocía bien, su tía Lori Grody, estaba convencida de que su odio por los hombres había sido el verdadero origen de los homicidios.

Malas intenciones y buenos negocios

Los personajes trágicos dan buenos dividendos y el caso de Aileen Wuornos estaba a punto de convertirse en un buen negocio, además de una excusa eficaz para la lucha feminista de la época. Más de un año antes de su muerte, en enero de 1991, Tyria Moore y algunos miembros de la policía firmaron contratos de cesión de derechos para publicaciones y películas. Entre otros, el acuerdo con Republic Pictures para la filmación de *Overkill: the Aileen Wuornos Story*, mediado por el abogado Robert Bradshaw. El exoficial Brian Jarvis fue expulsado de la fuerza por esta maniobra. Pero no fueron los únicos oportunistas.

Dick Mills usufructuó el breve romance que tuvo con Aileen en la Navidad de 1990 para vender la historia al periódico sensacionalista *News of the World* y muchos otros ventajistas se tentaron ante la insistencia de la prensa, como fueron los casos de Arlene Pralle, nueva madre adoptiva de la acusada desde antes del juicio, y de quien fuera su segundo abogado defensor en el proceso, Steve Glazer.

El 21 de noviembre de 1991, Aileen había sido adoptada legalmente desde la cárcel por Arlene Pralle y su esposo. Seguidora del mensaje de Jesús e inspirada por el Mesías, había contactado a la convicta después de leer sobre ella en el periódico y se presentó en la cárcel como una devota samaritana. Recientemente convertida al cristianismo, la mujer de 44 años tenía un campo de 35 acres (14 hectáreas) cerca de Ocala (Florida), sobre el que pesaban demasiadas deudas, que destinaba a la cría de caballos Tennessee Walking.

Desde el inicio de la relación, Arlene Pralle aceptó innumerables llamadas por cobrar de Aileen y rápidamente asumió el rol de vocera pública reclamando por la inocencia de su flamante hija adoptiva en cuanto programa de televisión y radio le convocaran. Además, semanas antes del juicio, la criadora de caballos comenzó a reunir dinero por las entrevistas que daba, o en comisión por concertar llamadas telefónicas de periodistas para entrevistar a Aileen Wuornos. El hecho resultó sumamente perjudicial para su defensa, porque las llamadas podían ser grabadas y la fiscalía obtenía información en contra de Aileen a partir de lo publicado en periódicos y revistas.

Pralle siguió obteniendo ganancias después de la sentencia. La evangelista apoyó públicamente el deseo de Aileen de morir para volver a la casa con Jesús y continuó lucrando con los medios. Entre tanto, cobró 10.000 dólares de Nick Broomfield por filmarla y, supuestamente, pagar los honorarios de Steven Glazer, el inexperto abogado civil de Gainesville que había contratado para suceder a Tricia Jenkins.

La inoperancia del nuevo letrado se hizo explícita desde el principio y la exabogada le criticó con severidad por cambiar la declaración original de Aileen de «no culpabilidad» a *no contendere* en los tres juicios siguientes. La letrada sabía que esa estrategia anulaba cualquier posibilidad de defensa y que llevaría a la acusada a recibir tres nuevas condenas por asesinato. Sin siquiera recoger los archivos del caso en poder de la exdefensora, Glazer pareció actuar con una negligencia inusitada frente al estado de alienación de su clienta.

El 1 de marzo de 1992, Phyllis Chesler contactó a Glazer para ofrecerse como testigo de la defensa en las alegaciones que se avecinaban, aunque el letrado no se mostró interesado. Con total sinceridad, le explicó que estaba más preocupado por ganar dinero gracias a de las entrevistas periodísticas. Cuando la psi-cóloga le comparó con un proxeneta, Glazer se mostró ofendido e instruyó a Aileen para que dejara de comunicarse con ella.

Con un pasado bohemio y la afición de blandir la guitarra para entonar canciones de los setenta, las segundas intenciones de Glazer se hicieron ahora evidentes. Embolsó grandes cantidades de efectivo a cambio de que los periodistas visitaran a Wuornos en el corredor de la muerte, como lo hicieron, por ejemplo, el presentador Montel Williams y Geraldo Rivera, quienes pagaron entre 7.500 y 10.000 dólares para entrevistar a Aileen. Asimismo, persuadió a su clienta de retirar una demanda iniciada contra Jacqueline Giroux, directora de *Damsel of Death*, quien había divulgado una historia que Aileen consideraba falsa.

Hacia 1993, Glazer volvió a contactar a Chesler para pedirle que buscara un abogado competente, porque él podría no haber hecho lo correcto por su cliente. Algunos creen que colaboró con su impericia para que le sentenciaran con la pena de muerte en cinco ocasiones, aunque con el asesinato de Mallory confe-sado por Aileen a pesar de los consejos de su defensa, ya era más que suficiente.

Capítulo 11

EL PERFIL PSICOLÓGICO

«Había algo heroico y desgarrador en ella;
heroico no por lo que hizo, sino por sobrevivir.»
CHRISTOPHER BERRY-DEE, criminalista.

Para la sociedad norteamericana, Aileen Wuornos era un monstruo bicéfalo y contradictorio: por un lado, veían en ella a una homicida lesbiana y prostituta que odiaba a los hombres hasta el punto de asesinarles; por el otro, se había convertido en una heroína feminista que había matado en defensa propia y en su desvariado imaginario había salvado a muchas mujeres de ser violadas.

En cualquier caso, muchos se conmocionaron frente a sus hipnóticos ojos, tan tristes como aterradores. Como escribió Christopher Berry-Dee en *Monster: My True Story*, «había algo heroico y desgarrador en ella; heroico no por lo que hizo, sino por sobrevivir».

Los especialistas de la salud mental creen que su comportamiento criminal obedeció a una interacción de diversos factores psicológicos, genéticos y ambientales, que perfilaron su conducta de un modo singular como para convertirle en una bomba a punto de explotar. Así las circunstancias de su vida explicarían su comportamiento y su endeble estado mental habría sido el motor de sus acciones. Factores ambientales sobraban. Bastaba repasar las diferentes escenas de su infancia para comprobar el maltrato físico y psicológico, el desprecio de sus pares, la precoz iniciación sexual, la temprana incursión en el robo y el consumo de drogas.

Varios estudios intentaron definir cuál era el grado de su psicosis. En general, coincidieron en el trastorno límite de la personalidad para dar cuenta de sus tendencias autodestructivas, de la rabia que sentía y de su sentimiento de inconformidad permanente. El *Diagnostic and Statistical Manual of Mental Disorders* describe esta clase de trastorno como un patrón generalizado de inestabilidad que afecta las relaciones y la autoimagen, y que está caracterizado por una impulsividad fuera de control. Este trastorno, también conocido como Borderline, se traduce en una personalidad fronteriza que se mueve entre extremos de idealización y desilusión, con una marcada reactividad a los insultos a los que respondía agresivamente, así como una compulsión suicida.

Asimismo, se diagnosticó en ella un trastorno de personalidad antisocial por la violencia de sus actos, así como por el desprecio de los derechos de otros, su incapacidad para adecuarse a las normas legales, su beligerancia, la despreocupación temeraria por su propia seguridad, junto a la irresponsabilidad constante y a su falta de remordimiento.

Desde el punto de vista genético, también se planteó, como dijimos, que las tendencias homicidas eran herencia de los rasgos psicopáticos de su padre. En este sentido, los investigadores Myers, Gooch y Meloy observaron en Lee una probabilidad muy alta de convertirse en una psicópata, porque cumplía con los criterios de verificación respecto de la necesidad de estimulación, la mentira patológica y el comportamiento sexual promiscuo.

Por lo tanto, al examinar el caso desde una perspectiva biológica, se estableció que una disfunción genética y neurológica podría haber contribuido a su accionar criminal. Finalmente, los especialistas percibieron un comportamiento psicótico agudizado con los años, y se llegó a hablar de locura cuando escribió a la Corte para quejarse por haber sido colocada en una cámara presurizada para el encogimiento de su cabeza.

Charlize Theron, quien personificó a la asesina en la película *Monster* por lo que la galardonaron con el premio Oscar de Academia de Hollywood, el Oso de Plata del Festival de Berlín y el Globo de Oro, presentó otra faceta de la asesina. A su modo de ver y a pesar de haber tenido la oportunidad de reconstruir su vida afectiva y haber fallado, la película destaca que Aileen había intentado recuperar su humanidad. Posiblemente *Carnival*, la canción con la que Aileen Wuornos se sintió tan identificada, expresa esta misma aspiración.

Carnival (fragmento)

Bueno, he caminado estas calles
Me parece un escenario virtual
Maquillaje en sus caras
Los actores tomaron sus lugares junto a mí

Bueno, he caminado estas calles
En un carnaval de lugares para ver
Todos los buscadores de emociones baratas
Los vendedores y dealers que se apiñan alrededor

¿He estado ciega? ¿He estado perdida
Dentro de mí misma y mi propia mente
Hipnotizada, mesmerizada, por lo que mis ojos han visto?

Bueno, he caminado estas calles
En un espectáculo de riqueza y pobreza...

(NATALIE MERCHANT, 1994)

PERFIL CRIMINAL

Nacimiento: Rochester, Michigan, 29 de febrero de 1956.

Nombre y ocupación: Aileen Carol Wuornos. Iniciada tempranamente en actividades delictivas de robo y estafa, fue prostituta en las carreteras de la región central del Estado de Florida.

Infancia y juventud: hija de Diane Wuornos y Leo Dale Pittman, fue adoptada junto a su hermano Keith por sus abuelos cuando sus padres se divorciaron. Recibió violentos maltratos físicos en su infancia y a los 14 años quedó embarazada producto de una violación. Expulsada del hogar, llevó una vida nómade signada por la pobreza.

Matrimonio e hijos: casada con Lewis Gratz Fell en 1976, se divorció a los pocos meses. En 1986, se enamoró de Tyria Moore y permaneció a su lado hasta 1990.

Perfil psicológico: alcohólica, psicópata y psicótica. Le diagnosticaron trastorno límite de la personalidad y trastorno límite antisocial.

Tipo de víctimas: hombres blancos heterosexuales de edad mediana a mayor; en general, de clase trabajadora, que transitaban por las carreteras de Florida.

Crímenes: cometió siete asesinatos con un arma de fuego calibre 22 seguidos de robo.

Modus operandi: hacía autostop para ofrecer favores sexuales a cambio de dinero. Disparaba a sus víctimas, después abandonaba o escondía su cuerpo y robaba su coche y sus pertenencias.

Condena: sentenciada a la pena capital, permaneció una década en el corredor de la muerte hasta que el gobernador Jeb Bush ordenó su ejecución por inyección letal, el 9 de octubre de 2002.

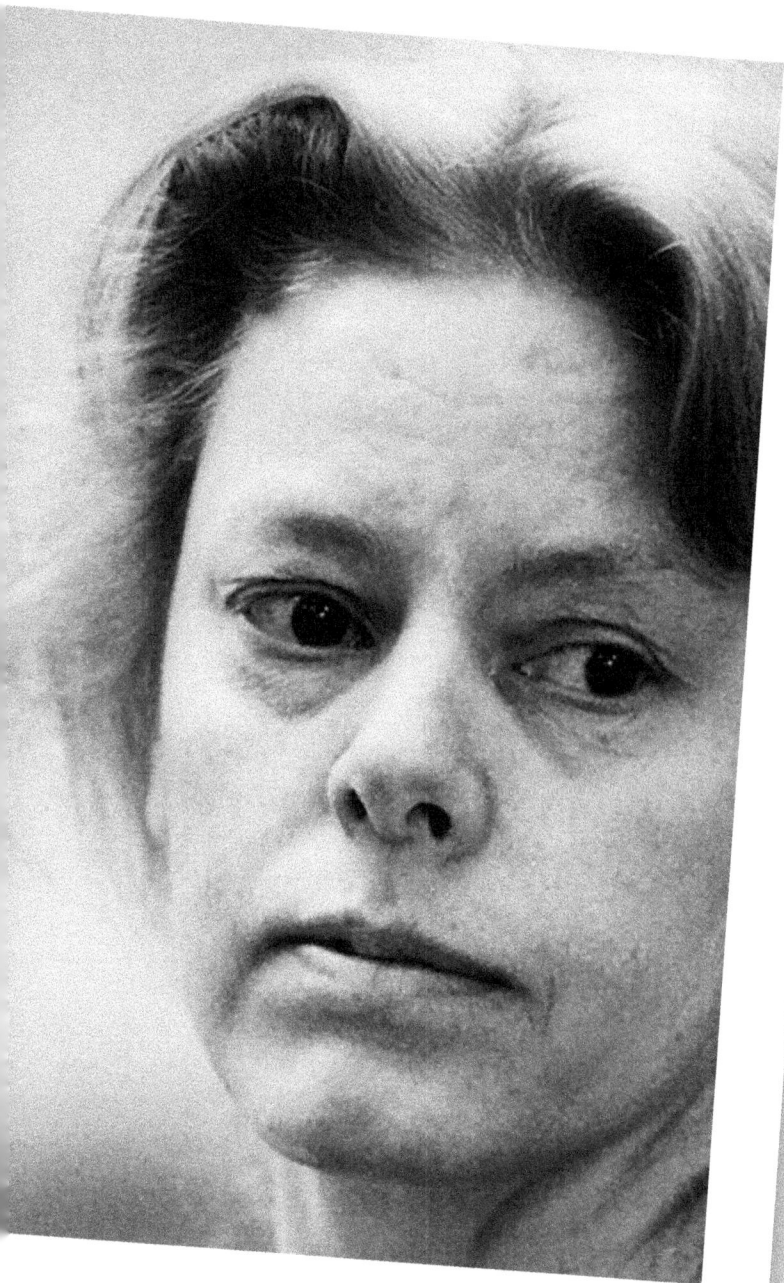

Bibliografía

Berry-Dee, Christopher y Wuornos, Aileen. *Monster: My True Story*. John Blake, Chicago, 2004.

Chesler, Phyllis. *El derecho de una mujer a la autodefensa: el caso de Aileen Carol Wuornos*. St. John's Law Scholarship, 1993.

Diagnostic and Statistical of Mental Disorders DSM-5. American Psychiatric Association, 2013.

Hart, Lynda. *Fatal Women: lesbian sexuality and the mark of aggression*. Routledge, Londres, 1994.

Helfgott, Jacqueline. *Criminal Behavior: Theories, Typologies and Criminal Justice*. Sage Publications, Los Angeles, 2008.

Kennedy, Dolores. *On a Killing Day*. SPI Books, 1994.

Kester, Lisa y Gottlieb, Daphne. *Dear Dawn: Aileen Wuornos in her own words*. Soft Skull Press, 2012.

Levine, Phillipa. *Prostitución en Florida: informe presentado a la Comisión de Estudio de Género de la Corte Suprema de Florida*. Florida State University, 1988.

Ling, Shao Shen. *Criminal Profile Paper: Aileen Wuornos*. Southern New Hampshire University, 2016.

Note, Margot. *Monster-Making: narrative-metanarrative in the representation of Aileen Wuornos*, Sarah Lawrence College, 2004.

Reynolds, Joseph Michael. *Dead Ends: the pursuit, conviction and execution of a serial killer Aileen Wuornos*. Open Road Media, 2016.

Russell, Sue. *Lethal Intent*. Pinnacle Books, 2010.

TÍTULOS DE LA COLECCIÓN

www.ingramcontent.com/pod-product-compliance
Lightning Source LLC
Chambersburg PA
CBHW060437090426

42733CB00011B/2306